本书由

上海交通大学安泰经济与管理学院

出版基金资助

不实信息传播机理与引导策略研究

方星　黄培清◎著

PROPAGANDA MECHANISMS AND GUIDANCE TACTICS OF UNCONFIRMED INFORMATION

中国经济出版社
CHINA ECONOMIC PUBLISHING HOUSE
北 京

图书在版编目（CIP）数据

不实信息传播机理与引导策略研究/方星，黄培清著．
—北京：中国经济出版社，2019.2
ISBN 978－7－5136－5389－3

Ⅰ.①不… Ⅱ.①方… ②黄… Ⅲ.①突发事件—信息—传播—研究 Ⅳ.①G206 ②D630.8

中国版本图书馆 CIP 数据核字（2018）第 229445 号

责任编辑　郭国玺
责任印制　马小宾
封面设计　任燕飞工作室

出版发行　中国经济出版社
印 刷 者　北京富泰印刷有限责任公司
经 销 者　各地新华书店
开　　本　710mm×1000mm　1/16
印　　张　10.25
字　　数　110 千字
版　　次　2019 年 2 月第 1 版
印　　次　2019 年 2 月第 1 次
定　　价　58.00 元
广告经营许可证　京西工商广字第 8179 号

中国经济出版社 **网址** www.economyph.com **社址** 北京市西城区百万庄北街 3 号 **邮编** 100037

CONTENTS

>> > 目录

图表目录

第一章

绪　论

第一节 研究背景和意义

信息传播能力的不断提高和增强不仅极大地推动了人类社会的发展和文明的进步，也极大地推动了人类应对和处理突发事件的能力。在人类发展的历史上，各种危机事件及突发安全事件层出不穷，特别是进入21世纪以来，随着信息传播能力的提高，各种公共事件的即时状况得以迅速传播，各类自然灾害以及次生灾害的伤亡损失报道和灾后应急救援几乎同步，而局部战争和冲突以及各种类型防不胜防的恐怖袭击事件也会做即时在线播报。各种公共应急事件和突发事件不仅带来直接的经济影响和安全后果，也会带来各种连锁的后续作用和潜在影响，并深刻地改变着人们的行为习惯和世界地缘政治的格局，很多经济组织或者商业公司也常常受到突发事件的影响波及，各种潜在的经济损失更是难以估量。这些突发事件的影响程度和波及范围已经远远超越了事件本身所在的区域，通过信息传播和即时通讯的发展，能够在最快的时间范围内迅速传播至世界的角角落落。信息的传播和扩散往往混杂着各种各样的不实信息，深刻地影响着信息传播的效率和效果，甚至影响着事件本身发展的进度和结果。

在不同的历史阶段，信息的传播形式有很大不同。在人类现代文明发展的早期阶段，特别是传统社会环境下，日常交流和传播的信息通常存在于人们的日常议论之中，常常以口口相传的传播方式不断交流和影响着人们彼此的看法和观点。这个时期，信息传播的最大问题是传播稳定很差，信息误差较大，传递速度较慢，涉及面非常有限，使得信息的传播过程比较难以刻画，基本上很难谈得上信息传播规律的分析掌握。在社会发展进入了平面媒体阶段之后，各种类型的传播媒体特别是报纸杂志和电视广播业务的纵深发展，极其深刻地影响和改变了人际间信息沟通的深度和广度，但由于信息的传播通常均为单向传播，而所传播的信息内容可以由传播者进行选定和裁量，使得社会公众处于比较被动的接受状态，并且无法及时地反馈受众的看法，管理者也无法全面掌握社情民意情况[3]。进入到互联网时代之后，网络成为人际日常交往的首选工具，进入成本也非常低，即便素昧平生的人群，也能通过社交网络迅速地建立起众多在线朋友关系。信息的传播之所以能够如此快速并彻底地颠覆过去的传统传播方式，是因为网络包括移动网络具有不可比拟的独特优势。新型网络传播的匿名性，使得网络中的个体不必知道对方的真实身份，也不用担心暴露自己的真实身份，就能进行沟通交流，既为不善言辞之人打开了话匣子，也为有思想的人提供了畅所欲言的传播平台，所有在线者基本上都可以毫无压力地发表自己的个人看法，毫无顾虑地表达自己内心的真实情感，完全打消了传统社会中口口相传、面面交往时的拘束。新型网络传播的开放性，使得网络为人们提供了一个低门槛、低成本、无边界、弱约束的自主共享平台，不论是什么背景、地域或者阶层的普通民众，都可以随时随地自愿加入沟通网络，轻松自在地结识好友；新型网络传播的交互性，使得各类社交网站、网上论坛或者社交网络成为每个人都能发布信息发布、接收信息和传播信息的平台，极大地拓展了信息的传播空间和参与主体，通过网络新媒体上信息的实时发布、个体之间的双向交流、社交群体之间的多方探讨，将原本分散自发的思想和言论集中全面地予以展现，叠加强化了交流的广度和深度，也极大地便利了信息的快速扩展、传播、交互和影响。

近年来，伴随着信息社会的大发展，特别是网络新媒体和社交新媒体的出现，深刻地影响着信息传播和人们接受信息的方式，甚至改变了突发事件的传播效果。一方面，这些新兴媒体对信息的及时分享和事件的密切关注起着积极的传播作用。特别是某些公共应急事件发生的各个阶段，都处于相关信息被高度关注的状态。关于事件发展的适时信息以及后续发展的延伸信息，如果能够准确、及时、高效、全面地传递和发布，能够形成良性循环，不仅能够有效地阻止不良效应的扩散，而且能够消除不实信息传播所带来的潜在的社会影响。

2013年4月20日8时02分，四川雅安发生7.0级地震，在政府的有效组织和志愿者群体的广泛参与下，抗震救灾的过程紧张有序。关于灾区现场救助和后援支持的各种新闻追踪报道，通过传统新闻媒体的及时播报以及网络新闻和微博等新媒体的广泛传播，被及时发布给千家万户，极大地稳定了灾区受灾群众的情绪，及时把激励全国人民抗震救灾的正能量和有益的救灾信息进行有效传播，第一时间进行灾害救助，尽快确认救援甚至是提早规划灾后重建和安排，发挥了独特而有效的传播作用。

另一方面，如果做不到信息披露的透明化、及时性和准确性，则很可能导致不实信息借助新媒体的快速传播满天飞，不仅会导致人们的情绪躁动，稍有不慎，甚至会导致更为严重的后果。网络媒体和新媒体的迅猛发展，仿佛一把双刃剑，既给信息的传播赋予了新的活力和动力，也使得不实信息可能夹杂其中，以前所未有的广度、深度和影响力广泛传播。如果放任不实信息任意传播，各种负面信息就会被极度扭曲放大，并带来巨大的社会影响，甚至需要付出超额的社会成本才能控制和消除。

2007 年所谓关于海南“毒香蕉”的不实信息，经过手机短信在普通民众中广泛群发，最后甚至被一些门户网站的论坛肆意登载，一时之间，闻“海南香蕉”而色变，直接导致海南香蕉全面滞销，种植香蕉的农民无端遭受惨重的巨额损失。

2009 年 4 月 6 日，合肥肥东县发生里氏 3.5 级地震，未经证实的所谓“还有更大地震即将发生”的消息，被造谣者在互联网上肆意传播，在不明就里的普通民众之间造成了巨大的社会恐慌。

无独有偶，2010 年 2 月 21 日凌晨，因为一则所谓“大地震即将到来”的信息通过手机的大肆传播，引起了山西省数个城市几十个县市数百万人的恐慌。受到这个信息的影响，在异常寒冷的冬日，这数百万人走出家门躲避所谓“言之凿凿”、实则空穴来风的地震。

2011 年日本核泄漏事件发生后，基于对核泄漏污染可能广泛波及的顾虑和恐慌，有人炮制的所谓“碘盐抗辐射”的消息在各种网络媒体上疯狂传播，继而使得人们对于碘盐的所谓特殊功效深信不疑，并引发了短期之内在我国大范围地区发生的“抢盐闹剧”，最后的结果证明完全是杞人忧天，整个过程令人啼笑皆非。

近年来，新兴的社交新媒体的发展，更是对不实信息的传播起到了推波助澜的作用。

2016年7月全国普降大雨期间，众多不实信息如“暴雨后自来水会浑浊两三天”“汤逊湖大堤决堤”“政府决定放弃农村保城市”“急需抗洪志愿者”“抗洪官兵饮食供应不足”等不实信息广泛传播，令灾害救援工作的开展雪上加霜。

2016年12月，包括北京、天津、河北、河南、山东等地在内的华北地区遭遇了罕见的大范围雾霾天气。与雾霾相关的各种信息，比如“此次雾霾含有硫酸铵，可以致人死亡”“在4000流明灯光微距镜头下的北京雾霾”“北京雾霾中检测出60余种耐药菌，抗生素对其无效”等不实信息通过微博及微信大肆传播。这些信息在传播中断章取义，侧重于只告诉人们其中的部分信息，却遮蔽了背后更多的真实信息，在社会上引起了极大的影响。

回顾类似的公共事件，严格说来，事件本身的影响并不可怕，但是，在与之相关的各类不实信息通过网络和新媒体快速传播之后，却引发了极度恶劣的社会影响和不良后果，甚至带来了比事件本身的直接损失还要巨大的社会损失和广泛的不良影响。

互联网和新兴媒体的发展，为不实信息的产生、发展和传播提供了更多可能。社会不实信息是指特定社会中的特定事件所引发的未经证实的信息[1][2]。由于各类突发事件多与民众生活息息相关，且事件本身常常以极快的速度发生变化，很多事件的发生都缺乏事前制定的应对措施，事态发展的难以预测性和高危害性以及事件本省所有的潜在的危害性，使得这类事件在发生后会引起巨大的关注。近年来，网络媒体的迅猛发展和智能移动终端的广泛普及，以及互动型的新型社交媒体等虚拟平台的广泛参与性，都进一步强化了这种效果。很多普通民众受从众心理的影响，抱着看热闹的心态，也特别愿意参与所谓热点事件的讨论之中，形成了各类信息高度集中的舆论平台和信息池，海量信息的聚集和反馈必然会掺杂着诸多的不实信息。总的说来，随着网络和新媒体的大发展以及移动终端的高度普及，如果要对不实信息传播进行有效的控制和引导，对管理者而言，则具有一剑双刃的效果。在现代社会的传播网络中，各种新媒体和自媒体的大发展使得网络人的个体既是信息的接收者，也是信息的发布者。如果利用得当，网络和新媒体就能够对社会公共事件全面的信息传递和管理者应急处理水平的提高起到正向良性的作用。但是，如果不能进行正确的引导，网络和新媒体也完全可能变成某些误导信息甚至不良信息大肆传播和扩散的平台，大量的不实信息如果持续发酵，不断扭曲和放大，就有可能形成新的社会事件，产生大量的衍生问题，造成更为严重的后果。因此，对信息传播的过程进行实时监测，并在不同的阶段采取不同的分析手段和对应措施，帮助管理者掌握不实信息传播的基本规律，提高进行应急决策和公共管理的水平，合理地引导不实信息的传播和扩散，减少社会负面效应和控制成本，这一点具有重要的理论价值和实践意义。

高度关注不实信息的传播，并对不实信息的传播扩散适时加以引导，已成为应对信息传播避免突发事件转化的重要内容。互联网的迅猛发展，移动通信终端的快速普及，使得网民数量特别是移动网络的用户人数迅速增加，移动网络平台传播的优势正变得日益明显。在这些新型传播媒体的帮助下，人人都是自媒体，都既是信息的接受者，也是信息的传播者。特别是很多突发事件发展速度快，不确定性程度高，潜在的社会危害性大，并与社会公众利益息息相关，如果权威的真实信息不能及时有效地传播出去，或者传播的过程受到大量不实信息的干扰，必将引起涉事人群的不安和社会的关注，越来越多的社会公众可能会借助网络或移动终端参与评论、表达意见，各类不实信息将进一步汇集、交换和扩散。当不实信息地传播进一步发展，导致大量亦真亦假的信息高度集聚，必然鱼目混珠，就更容易衍生出来更多的信息传播和扩散的不实信息事件。对于不实信息的传播，如果引导得当，必将有助于提高应急管理水平，防患于未然，并形成良性循环；如果引导不当，就有可能引发群体性恐慌，产生衍生灾害和问题，甚至导致比突发事件自身更加严重的后果。对应急管理部门而言，挑战势必将越来越大，因此，必须在深入研究公众信息需求的基础上，切实掌握不实信息演化演变规律，才能有效加强动态监测，合理引导社会公众行为。

强化不实信息传播过程中的应对、疏导、控制和引导，关键在于把握网络和新媒体环境下不实信息的传播特点和规律。这些情境中的不实信息传播，既具有突发事件发生后不实信息传播和扩散的传统特异性，也会叠加网络和新媒体自身的复杂性。通常来说，人处在突发事件的紧急状态下，会产生精神紧张和心理冲突，其信息处理模式、过程特点均有别于正常情况。在突发事件的早期阶段，相关消息可能还是支离破碎的，公众对信息的需求非常渴望，一旦信息来源渠道有限，披露不充分、不完备，接受信息的受众往往会不加个人的自我检验和判别，就简单地进行复制转发，结果就会给各种小道消息以可乘之机，以致不实信息满天飞。在事件发展的中晚期阶段，面对各种背景、各类来源的过剩信息，公众可以运用选择性注意，理性地判别信息的可靠性，甄别真与假，然后对其中可信的信息进行加工后再传播。特别是近年来，网络媒体的高速发展影响着诸如SARS疫情、禽流感、福岛大地震等所有重大事件中不实信息的传播方式、范围和效果，激发了人们对于不实信息传播机理和控制策略的诸多思考。这些公共事件发生后，不仅集中呈现了以往各种传播方式的特征，还兼备了一些新特点。从信息发布者的角度看，传播的渠道变得更加丰富，不实信息愈来愈多地通过网络和手机等新媒体进行传播，传播速度和范围远胜于传统的口耳相传和广播、电视、报纸等方式；从信息接收者的角度看，除了横向的人际传播和纵向的大众传播媒介，个体传播技术的更新与普及使得信息传播变得异常轻松和便捷，公众几乎可以随时随地通过微信、微博、论坛等方便地选择信息发布的渠道，在信息的传播网络中，个体作为信息传播节点的地位和作用更加凸显，效果更加显著。网络媒体和新媒体的沟通平台本身具有巨大开放性，参与其中的个体传播节点更为广泛、更加容易，使得信息传播的来源更加多样化，参与主体更加多元化，而传播主体具有一定的校验和纠偏功能，因此，能够根据自己的判断和需求对所接收和传播的信息进行筛选和处理；与此同时，作为传播节点的个体和个体之间具有显著的互动性，使得发布者与接收者不仅可以无障碍地交流看法和观点，而且在人际传播与大众传媒之间也能形成相应的互动。通常来讲，大众传媒的预立主题往往也是人际传播中人们津津乐道的话题，其传播的热点信息并不鲜见于传统媒体的报道。新媒体上个体传播的开源性和互动性经过叠加，会增加个体信息传播路径的不确定性，加剧个体交互关系的复杂程度，使得不实信息的传播速度加快、扩散范围提高，信息传播者在发布信息的时候缺乏必要的责任意识和外界监督，不实信息的传播更加难以预测和干预控制。这些新特点的存在又容易引发信息的大幅畸变、内容的严重失真，带来大范围的影响，甚至产生大规模的破坏。因此，高度重视和及时总结网络媒体和新媒体中不实信息传播的内在规律，对所谓不实信息的内在传播机理以及动态演化规律进行研究和分析，在有效识别重要传播节点和关键传播路径的基础上，采取正确的应对策略措施，最大限度地减少信息畸变和衍生问题，从而控制不实信息的蔓延扩散，具有重要的现实意义。

然而，结合信息社会的变化特点，特别是网络和新媒体的迅猛发展，与不实信息传播和引导相关的研究明显滞后于互联网实践的发展。在当前的形势下，中国仍然处在重要的历史发展机遇期和社会矛盾凸显期，特别是经济发展进入新常态后，普通民众的情绪和社会心态受到区域社会经济发展差异的影响，非常容易产生浮躁情绪，如果受到某些典型事件的影响和刺激，极易引发大范围的社会事件。与此同时，中国是全球互联网和移动终端设备使用最多的国家，网络信息管理的任务非常繁重。在此情况下，如果放任不实信息在社会网络中大肆传播，并对可能产生的社会影响缺乏责任意识和敏锐判断，极易引起不良情绪的蔓延，并可能影响人们对社会公共突发事件的判断和反应。最近几年，伴随着全球性突发事件，特别是与普通民众的人身安全息息相关的各类突发事件的频繁发展以及各类社交媒体的迅猛发展，各国政府普遍重视信息传播和疏导的重要性的认识，相关领域的理论研究也进行得如火如荼。但是，国内外类似的研究和文献中大多注重于定性分析和研究，缺乏对信息传播关键因素的持续关注，没有结合信息社会发展的新情况和新规律，综合研究关键影响因素的一半演化机理，并结合实际情况和案例提出有强烈针对性和实用性的信息控制有效措施，并由此发现了许多类似研究中存在的针对性和指导作用不强的问题。因此，基于信息传播的相应案例，从信息传播机理和社会最优成本控制等角度出发，分析研究不实信息传播和引导的综合规律，并通过建立信息传播的动态转移模型找出不实信息传播的普遍规律，对于提升社会管理者的管理水平，具有重要的实践意义和参考价值。

已有的文献大多针对不实信息在信息社会中的传播和扩散问题进行研究，很多研究往往站在新闻学和传播学的视角上，力求通过定性的方法描述谣言等不良信息和社会大众信息的传播与扩散，但是，基于信息进行动态传播的现实情况，通过定量方法对信息社会中不实信息传播特征的综合研究却并不多见。

为了揭示信息社会中伴随着网络媒体和新兴媒体发展变化所产生的需求，探讨不实信息的传播和扩散机理等内在规律，本书结合信息社会条件下不实信息传播媒介的新特点，拟从个体在网络不实信息传播中的作用出发，考虑不实信息传播的影响因素，包括传播节点的重要性程度、信息传播节点与信息接收节点的之间的关系密切程度、信息接收节点的信息接收易感性等，利用平均场理论来构建不实信息传播的平均场方程，分析得出不实信息传播的阈值和不实信息最终的影响规模。由于不实信息的传播、澄清、隔离和控制过程与传染病传播及其通过疫苗、治疗和隔离等控制过程之间的相似性，所以，利用经典的易感染者和已感染者（SI）传染病模型，对其加以优化后转换成突发事件发生后不实信息传播控制的模型。综合运用控制论的相关知识，在现实操作中找出不实信息在不同人群间的接触转化率等影响传播的关键因素，从而对其实行有效的控制。作为真实信息和权威信息的发布者，必须具备更为敏锐的感知力。同时，还需要建立更为制度化和常态化的信息沟通机制，建立健全应急预案的规划，切实加强对不实信息的引导，进而探讨在突发事件发生后不实信息的传播所受到的官方信息的影响，通过建立动态交互模型，分析系统的稳定性问题，为有关部门提前做好征兆预警和发展分析，努力提高对不实信息发展变化的判断能力，通过有效措施增强权威信息发布者的公信力，针对不实信息传播的不同情境和不同阶段，对社会公众行为进行针对性的积极引导，提供必要的决策理论依据、决策方法和相应的支持工具。

第二节 本书的研究框架与技术路线

一、本书的研究框架

本书一共分为六章。

第一章为绪论，主要介绍研究背景及意义、本书的研究框架与技术路线以及研究的目的和创新点。

第二章为研究综述，主要是梳理前人的研究成果，对本书的后续研究所用到的相关概念做出必要的介绍。

在第三章，考虑影响不实信息传播率的多重因素，运用经典的平均场方程理论，研究不实信息在无标度复杂网络中的传播问题和传播模型，分析不同因素和参数对不实信息的传播阈值和不实信息最终传播范围的影响。以无标度网络为例，考虑不实信息传播的影响因素，包括传播节点的重要性程度、接收者与传播者之间关系的密切程度以及信息接收者对所接收信息的易感性，利用平均场理论构建不实信息传播的平均场方程，分析得出不实信息传播的阈值和不实信息最终的影响规模。最后，利用模拟仿真验证已有结论的正确性，分析不同参数的变化对不实信息传播的阈值和不实信息的传播规模的影响，总结出传播节点的重要性程度对于不实信息传播的阈值而言影响最大，从而提出在不实信息的传播过程中，应该对传播如网络大 V 的意见领袖节点加以重点关注，持续加强传播网络中的真实信息发言人和评论员队伍的建设。该结论可为管理者对不实信息应急传播与疏导的管理决策提供理论依据。

第四章从均匀复杂网络出发，利用系统动力学方程来研究不实信息传播的规律和不实信息的疏导问题，把经典的疾病传播模型转化成为不实信息的传播模型，利用动态控制的思想对不实信息传播的动态控制进行深入研究。

结果表明，应急管理决策者可以根据实际情况建立动态决策模型，并通过调整相关参数，特别是人群的接触转化率，在实现社会效用最大化的同时对不实信息的传播进行有效控制。

第五章以政府为代表的官方与以民间信息为代表的公众不实信息舆论为对象，探讨二者之间的交互影响，挖掘对不实信息传播进行疏导的新思路，探讨对权威信息影响下不实信息引导的模型。在网络及新媒体传播的背景下，不实信息的传播存在着更大的可能性和潜在的危害性，传播速度更快，波及范围更大，在较短的时间内对社会公众心理的冲击和影响更大。本书探讨在网络信息传播的背景下，突发事件发生后，不实信息的传播如何受到官方信息的影响，并通过建立动态交互模型来分析系统的稳定性问题。研究表明，随着不实信息传播率的增长，系统会出现 Hopf 分叉，这就意味着不实信息的传播可能会衍生新的事件，由此就要剖析系统的持久性。最后，基于相关理论分析，提出官方应对不实信息传播与控制的策略。

第六章是本书的结论，对本书的创新点和目前研究中所存在的不足进行了总结，并展望了未来研究的关注方向。

二、本书的技术路线

图 1－1 给出了本书的研究技术路线。

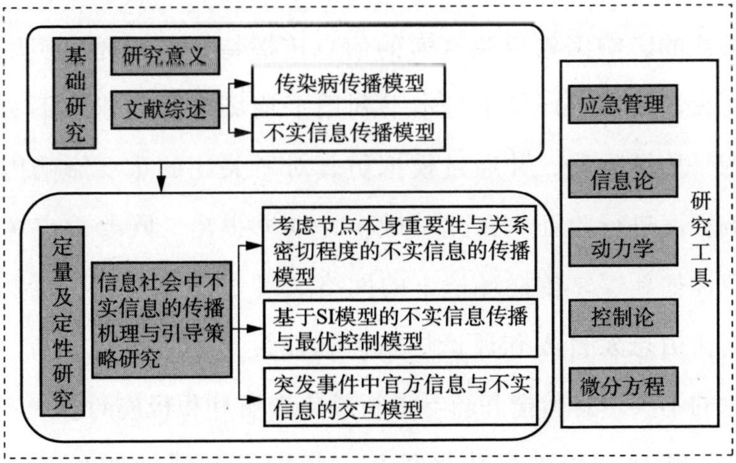

图 1－1　本书的研究技术路线

第三节　研究目的与创新点

根据定义，不实信息主要是指未经证实的信息，在突发事件中由于信息时代传播的手段和途径发生了根本性变化，鉴于不实信息的不确定性，在突发事件发生后会给应急管理带来极大的危害，极有可能会衍生出二次灾害，本研究的主要研究目的在于研究不实信息传播的机理与控制策略，在此基础上研究政府的官方信息对不实信息的传播影响，本研究的主要目标与创新点如下：

（1）不实信息传播的影响因素有很多，在不同的信息传播环境下，各种因素的影响程度也有明显的差异。研究者所构建的传播环境只有充分贴近实际情况，并能够进行有效的验证，才能使得所关注的影响因素反映真实的信息传播特征，并提出实用的建议。在无标度网络环境下，本书利用平均场理论构建了不实信息传播的平均场方程，并通过模拟仿真对所关注的重要影响因素及其影响程度进行验证。在此基础上，本书提出，既要重点关注传播节点比如新媒体传播环境下的网络大 V 等意见领袖，也要持续加强真实信息发言人和评论员队伍的建设，才能防微杜渐，对实际发生的不实信息传播和疏导进行预先准备和积极应对。

（2）经典的传染病传播模型，特别是易感染者和已感染者（SI）传染病模型，有效地将理论分析和临床数据进行了有机结合和交叉验证，能够充分地反映传染病传播过程及控制过程的特征。本书借鉴传染病传播的理论模型，把传播和控制过程高度相似的不实信息作为研究对象，并根据突发事件的发生机理进行优化，从而有效地找出影响不实信息传播的关键因素。本书所提出的管理建议，可以帮助应急管理者既能充分实现社会效用的最大化，也能加强对关键因素的调控，从而有效地控制和引导不实信息的传播。

（3）突发事件发生后，民间“舆论场”中有关事件的不实信息会通过各种渠道广为传播。传播过程的不确定性和信息的不对称性，都可能激发信息传播的影响，并借助网络及新媒体等传播媒介和方式，让不实信息以更快的速度和更大的波及范围进行传播，并可能在极短的时间内形成巨大的心理冲击力和影响力。本书提出，应急管理者应该充分地认识到，突发事件之后信息传播的过程和影响，是包括不实信息和权威信息等多种信息之间交互过程的结果。管理者需要敏锐地感知不实信息的存在，并通过应急预案建设，以及更为制度化和常态化的信息沟通机制，在不同信息传播的动态交互过程中，加强对不实信息传播的管理和引导，并对已经造成的影响进行有效疏导和控制。

本书的创新点，主要体现在以下几个方面：

（1）在研究不实信息的传播模型时，要考虑影响节点转化概率的因素。本书提出，在多种传播影响因素的作用下，转化概率会发生变化，针对不同的影响因素和变量，转化概率的阈值与不实信息的影响规模亦将发生相应的变化。

（2）从实现社会效用最大化的角度，研究不实信息的有效控制。在考虑不实信息的传播和控制模型时，本书运用最优控制的概念，认为有必要找出不实信息在不同人群间的接触转化率等影响传播的关键因素，对其实行有效控制，从而实现社会效益最大化。

（3）从动态交互的角度，探讨不实信息的引导模型。在不实信息的传播受到权威信息影响的情况下，利用节点转化的动态交互模型，分析系统的稳定性问题；从模型出发，提出相应的管理启示。

（4）针对管理模型，利用仿真模拟进行检验；结合信息时代和网络沟通发展的新背景，对模型及参数的应用进行解释；针对不实信息的传播和引导，提出相应的管理启示和有针对性的决策建议。

第四节　本章小结

本章是本书的一个引子，主要介绍研究背景及意义、本书的研究框架与技术路线以及研究的目的和创新点，为后续的研究奠定基础。

第二章

文献综述及相关概念

本章借鉴基本传播的相关机理，回顾有关疾病传播模型的研究和进展，梳理不实信息传播和扩散机理的相关研究成果，并对本书后续模型所用到的相关概念作出介绍。

第一节　疾病传播模型研究及进展

疾病传播与谣言传播都是比较类似的，因为两者都是人与人之间以某种形式的“接触”而进行的某种“病毒”式的传播。比如，可以从某种意义上把不实信息或者谣言看成一种精神形式的“病毒”在个体之间的传播，传播的机理与规律和疾病传播大致相似，在研究谣言传播之前，本章首先对疾病传播的相关研究进行系统的回顾。

有关传染病的研究主要集中在对疾病的传播规律和传播中的影响因素疾病控制策略的研究上。实际上，人类的历史上有过很多大规模疾病传播的案例，一直以来，探讨疾病传播的控制策略都是管理者和学者们关注的重点。现代文明发展的早期，人们根据前人遗留下来的经验，对疾病的持续传播起到了一定的阻止作用。伴随着统计学、数学以及物理学科的高速发展和交叉影响，学者们开始从模型的角度研究疾病传播的规律，并通过实际的案例来检验理论模型的有效性，并在此基础上对某些疾病的预测与防治方案进行探讨。

最早提出的疾病传播模型源于 18 世纪学界对天花传播的讨论[1]，20 世纪初微分方程模型被引入对蚊子传播疟疾的研究模型中[2]，用来进一步探讨疾病传播的动态过程，分析疾病传播的阈值。其中，最为著名的疾病传播模型当属“仓室”模型。1927 年，Kermack 和 Mckendrick 以黑死病作为研究的背景，深入探讨了黑死病的疾病传播规律，提出了著名的 SIS 模型[3]和 SIR 模型[4]。然后，根据传播个体的不同属性特征将个体分为几个类型。以 SIR 模型为例，S 代表的是易染者类，或者健康者，没有受到任何病菌的感染；I 代表的是疾病传播者，已经携带病毒，并随着传播的个体类；R 代表的是康复者，受到疾病的传播然后又康复的个体类。SIR 模型具有三个疾病模型假设：

（1）假设所有个体在一个相当封闭的环境中，人口的总量是一个恒定的数 N，即 $S(t)+I(t)+R(t)=N$；

（2）疾病的传播是由于健康的个体与受感染的个体有“接触”，在某一个时间段内，一个受感染的个体数量与此时健康个体的数量成正比，系数记为 β，在这一时刻，有 $\beta S(t)I(t)$ 的个体从健康个体类转化为受感染的个体类；

（3）感染类的个体会康复，并且具有抗体，不会再次感染，感染类个体越多，则恢复健康的个体越多，两者是正比例关系，在这一时刻，有 $\gamma I(t)$ 的个体从感染类的个体转化为康复个体类。

基于三个基本的假设，不同个体之间疾病传播的传染和康复过程，如图 2－1：

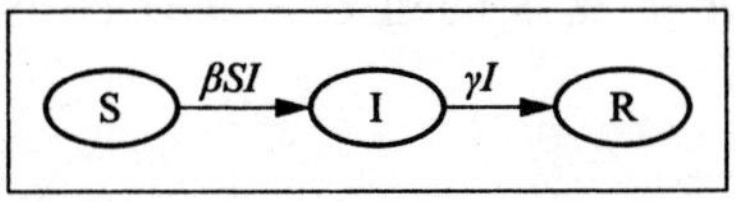

图 2－1　SIR 模型的传染过程

从微分方程的视角建立疾病传播的 SIR 的仓室模型：

$$\begin{cases}\dfrac{dS}{dt} = -\beta SI \\ \dfrac{dI}{dt} = \beta SI - \gamma I \\ \dfrac{dR}{dt} = \gamma I\end{cases} \qquad (2-1)$$

其中，参数 γ 是从染病个体类转化为康复个体类的比例，其倒数 $\frac{1}{\gamma}$ 为个体的实际患病周期时间。

而系统的疾病传播模型，则始于 20 世纪中期，Bailey 在对疾病传播的相关问题进行综述探讨时所出版的疾病传播专著[5]。但是，早期的研究大多是最为基本的模型，假设条件相对简单，大多数模型假设系统内的人口总数也是恒定不变的，而系统演化的时间又比较短，与实际的疾病传播过程相距甚远。最近 30 年的研究将前期的研究进一步拓展，特别是考虑了不同的影响因素对疾病传播的影响，并将脉冲加入系统动力学模型当中；有的模型考虑到疾病传播潜伏期所导致的时间滞后，将时滞引入模型当中，这也是最近几年类似研究的一个热点；也有学者考虑到不同年龄的个体免疫程度差异，以年龄结构作为研究切入点，探讨非自主的疾病传播动力学模型；按照经典的疾病传播模型，假设每个人受到疾病传播的几率是常数β，这也是一个简单的假设，实际上个体受到感染是一个非常复杂的过程，非线性的感染率系数也是学者关注的一个重点。

实际的情况是，疾病不同，其传播机理的差异会非常大，有些疾病具有免疫能力，以麻疹等为例，第一次染病的个体康复以后终身不会再次感染。但是，有些疾病却不具有免疫能力，以肺结核为例，康复的肺结核病人还有可能受到病毒的反复感染，因此，针对不同类型的疾病传播，应该建立与之相对应的动态模型，从而能够有针对性地对传播过程的特征进行描述。根据疾病恢复的个体是否具有免疫力，将疾病传播模型分为 SIS 模型与 SIR 模型[6]，S 与 R 的区别在于，患病康复的个体是否再次能回到 S 类。根据不同疾病的传播机理，后续的研究中出现了疾病传播的潜伏期 E 个体类，即个体受到病毒的感染，但尚未出现明显的疾病特征，比如，HIV 病毒会在人体内潜伏 0.5—20 年才会发展成为艾滋病。基于对于潜伏期的不同考虑，建立 SEI 模型[7]、SER 模型、SEIR 模型[8]、SEIS 模型[9]、MSEIR 模型[10][11]等。其中，E 表示潜伏期的个体类，M 表示有先天免疫的个体类。

影响疾病传播的因素涉及很广，类型众多，比如隔离与免疫是控制疾病传播的一个重要研究与扩展方向，对疾病传播者进行隔离，降低与健康个体与疾病传播者的接触几率，对控制疾病传播十分有效[12]。此外，对健康个体进行免疫也是一种常见的疾病传播控制方法，借助微分方程描述可接种的疾病类型的传播模型，建立脉冲疾病传播模型、具有时滞的疾病传播模型等。在早期的研究中，研究者 Li 改进了经典的 SIS 模型[13]，探讨了人口变化以及有疫苗接种的传染病模型。动力学中的分叉理论在疾病传播模型中得到了广泛应用，SEIR 模型的余维分叉由 Lizana 等人率先提出[14]，随后，Wu 等研究的疾病传播 SQIR 传播模型的同宿分叉[15]、后向分叉[16]、B－T 分叉[29]等都在疾病传播模型的研究中得到广泛的应用。

概括起来，经典的疾病传播模型研究与扩展研究主要包括以下几个方面：

（1）种群模型，在捕食与捕食者生物种群之间的种群演化中加入疾病传播的过程，疾病在两个种群之间传播，实际上种群内部仍然可以用仓室模型来解释[17]-[19]，只是疾病会在不同的种群之间进行传播。Hyman 等人将艾滋病作为研究对象，根据个体不同的免疫程度将个体划分为不同的群体，构建了 SDIA 研究模型[20]；也有学者在传播中加入多种类的易感人群，构建了 DSDIDS 模型来探讨艾滋病传播问题[21]。

（2）空间扩散模型，将扩散分为连续扩散与离散的扩散模式，分析不同种群之间疾病的扩散问题，考虑不同的个体分属不同的居住区，也称为斑块，斑块之间会有种群的流动[22]-[23]。

（3）元胞自动机，探讨个体本身对疾病病毒的相关相应情况，利用状态与行为集合原理，将个体视为一个元胞，进而模拟出疾病传播的动态传播过程，重点关注特定因素的影响，而忽略模型的计算效率以及个体与个体之间的社会关系[24]-[25]。

（4）网络模型，个体在社会中与不同的人进行接触，实际上形成了一张社会网络。自物理学开始关注复杂网络以来，疾病传播的网络传播动力学也成为很多学者关注的重点，他们将数学、计算机等不同的领域的知识与复杂网络的拓扑结构相结合，更加实际贴切地研究疾病传播的网络动力学[26]-[27]。

实际上，最早提出用复杂网络研究疾病传播的是 Watts 和 Strogatz，在研究小世界对传播的影响中，他们提出小世界的特征会加速疾病在个体之间的传播[28]；随后 Newman 等人将经典的 SIR 疾病传播模型应用到社会网络的研究中，通过数学的方法得到了疾病传播的持续时间和最大影响规模。该研究发现，网络的平均距离是影响疾病传播流行持续时间的一个重要因素[29]；Pastor - Satorras 等人重点研究了疾病传播的阈值问题，并在不同的网络拓扑结构中进行了实际检验，以小规则网络和不规则网络为例，探讨不同的网络拓扑结构对疾病传播临界值的影响[30]。Kuperman 等人以 SIRS 模型为出发点，构建了小世界的疾病传播模型，研究发现，如果网络重连概率 P 变大，就会出现同步相变[31]。相变行为也是不同学者关注的一个重点，Agiza 等人以小世界为研究背景，探讨疾病传播临界值问题，研究发现小世界特征网络使疾病传播更加快速，疾病传播爆发时间提前[32]。

2000 年以后受到广泛关注的无标度网络传播模型，通过将经典的 SIR 与 SIS 等传染病模型应用到无标度网络研究发现，无标度网络是没有传播阈值的，也就是说，疾病在无标度网络上总是会持续进行传播的，与实际的研究更加贴切[33]-[37]。在随后的研究中，不同的学者将研究成果继续向前推进，Castellano 等人的研究发现，网络的最大度与传播阈值是成正比的，与网络本身的无标度特征是不相关的[38]。也有学者研究发现，疾病的传播实际上具有层次和结构，最容易感染的是那些网络中度比较大的节点，随后是感染较小度的那些节点，到了最后，网络中度很小的节点也会感染疾病[39]。学者对经典的传播 SIS 模型研究发现，不同的网络层对疾病的传播影响也是不同的[40][41]。在对无标度网络中传播尺度的效应研究中，SIR 传染病模型是具有疾病传播阈值的，传播机理则被用来求出疾病传播阈值的数学解析解[42]。不管是在无标度网络还是小世界中研究疾病的传播问题，归根到底，都是对网络拓扑结构的研究，不同的网络拓扑对疾病的传播产生不同的影响。Eguiluz 等人专门研究了较为特殊的无标度网络，网络的聚集系数很大，度具有关联性，研究表明，网络的聚集性以及度相关的无标度网络也存在疾病传播的阈值，并且在一定程度上延缓了疾病的传播速度[43]。

在人际交往中，圈子文化是不可忽视的因素。疾病传播也一样，不同的“圈子”可以被视为由不同的社团组成，个体成员之间的紧密程度并不完全相同。Liu 等人研究了社团结构网络中的疾病传播问题，研究指出，在社团结构的网络中，传播的阈值相对较小，疾病更容易传播，传播的影响规模更大[44]。Huang 等人研究的是带有无标度特征的社团复杂网络，以 SI 传播模型为例，发现与一般的无标度网络相比，疾病传播最终影响规模传播阈值较低[45]。Zhou 等人研究 SIS 与 SIRS 传播模型后认为，由于疾病传播的传染速率不同，最终传播的波及范围会趋于稳定和不稳定，甚至具有正当的特征[46]。Xu 等人发现，传染病个体之间的不同距离也会影响疾病的传播，也就是说，将个体的所在地理位置纳入疾病传播的模型中，距离大在一定的程度上能阻止疾病的传播，这也是在疾病控制中对感染者进行隔离的一个重要参考依据[47]。

Colizza等人的研究在实证研究的基础上，结合数学建模的方式，试图把网络中的每个节点都看作是一个城市，并把在城市内部的接触方式假设为混合模型，同时，把人在不同城市之间的移动进行抽象，将其看作个体在不同节点之间进行扩散的过程。他们的研究比较真实地反映和总结了疾病在大范围尺度下的主要传播趋势[48]-[50]。通常来讲，实际情况下的许多健康个体，通常为了实现保护自我的目的，从而刻意减少与其他个体的接触，特别是减少与感染个体之间的接触来实现自我保护的目的，采用包括断边重连甚至直接减少与其他节点接触等方法。

基于此，很多学者对网络与传播动力学的共同演化进行了深入研究。比如Gross等人利用最基本的SIS模型，对网络与传染病动力学的共同演化进行了深入细致的研究，结果表明，伴随着网络结构本身的变化，动力学行为受重连概率以及感染率等参数的影响，可能会出现不同的相态，如稳定态、周期态、双稳态等[51]。

基于网络的自适应性质，很多学者研究了网络拓扑结构与传染病动力学的交互影响[52]-[55]，将网络中任意两个节点之间链接重要度或他们之间接触时间的长短定义为全重，将其用来权衡疾病扩散范围的影响程度，例如：两个相互链接的节点越亲密，权重系数越大，此节点被其感染的几率越高[56]-[61]。为了衡量不同个体的行为对疾病传播过程的交互影响，Eames等人运用节点之间的接触权重来预测不同个体感染疾病的风险程度，给决策执行者提供了良好的理论基础[62]。Yang等人将边权重理论运用到网络拓扑结构与疾病传播模型中，研究发现：权重系数越大的网络节点，将更容易感染疾病，而在整个拓扑网络中，权重越均匀分散，则疾病自身的传播越慢[63]。借助马尔科夫状态转移方程，Yang 等人研究了 SIS 模型中传统的平均场网络拓扑传播过程，发现网络拓扑结构中节点的权重系数分布越均匀，疾病的传播速度越快。

多维度与多耦合网络问题及其交互影响与作用，已成为复杂网络研究新热点。Allard 等人在多层网络领域中运用了在键渗流理论，研究表明，该理论能够比较精准地对流行病传播所具有的异质性[64]进行验证。与此同时，Funk 和 Jansen 构建了疾病可以在多层网络上传播的网络模型[65]。Dickison 等人将 SIR 模型运用在两个存在相互联系的网络中。研究发现：如果两子网是强耦合的，则疾病将在整个网络层中扩散；如果两子网是弱耦合的，则疾病仅只在一个子网络上传播[66]。Son 等人通过局部树状图构造了一个相互依赖的网络拓扑结构，并在此基础上运用键渗流理论研究疾病的传播过程[67]。Saumell - Mendiola 等人运用平均场理论研究疾病在关联网络上的扩散，研究发现：在原来不可能孤立的子网络上形成了局部地区爆发疾病的情况下，通过仿真模拟了疾病在两个耦合的子网络中的传播并蔓延至整个网络中[68]。

第二节 不实信息传播研究及进展

一、不实信息的特征及其传播特点

“不实信息”这一概念已经被广泛应用于新闻传播和政府的工作报告中，指的是未经证实的信息，可能真实可能虚假，经常与谣言信息相混淆。“谣言”的定义目前也存在较大的争议，在《辞海》里，“谣言”的定义为：“没有事实根据的传闻；捏造的消息。”[69][70]谣言研究领域的奠基人 Gordon W. Allport 强调谣言的未证实性[71]，“谣言与其关联的事件本身是相关联命题，通过个体之间的口口相传，缺乏具体的材料来证实其真实性”。实际上，不实信息是一个泛称，是一个相对宽泛的概念，突发事件中的谣言、各种未经证实的小道消息都可能是不实信息。就字面上讲，本书所指的不实信息是指未经证实的信息，这类信息与实际情况有出入，与虚假信息又有所区别。这种提法在新闻传播中经常出现。在学术研究中，霍良安首次在其博士论文中规范定义了不实信息的内涵[72]：不实信息是指以一定的物质载体，并以文字、声音、语言、图像和动画等形式表现出来，对某一事件或者事物的一般属性与真实情况不符的描述或展示，其特征是未经证实的信息，并特别强调了不实信息本身与虚假信息以及谣言等信息存在着一定的区别。

1. 不实信息与虚假信息的区别

以突发事件发生后的不实信息传播为例，事件发生后随之而来的各种有关事件本身的信息在各个传播媒介中肆意传播与扩散，有突发事件本身的真实信息，也有个体随机杜撰的未经证实的小道消息，各种信息鱼龙混杂，要求个体有很好的辨识能力，从这些不实信息中找到真实的信息。真实信息本身与虚假信息有很大的区别，信息传播过程还可能是真实信息和虚假信息传播竞争的一种过程。2011 年日本核辐射泄漏事故之后，世界各地上演了疯狂抢盐的浪潮，主要原因就是未经证实的不实信息“碘盐抗辐射”

在各地广泛传播，由于碘本身对抗辐射有一定的作用，从表面上来看，这种不实信息存在科学依据，更容易被民众接受并传播[73]。有时候，不实信息最后会被证实为真实的信息，比如法国前总统篷皮杜已经身染疾病的不实信息最后就被证实为真。

在突发事件发生后，由于互联网和个体移动终端的信息传播媒介具备便利、低成本等特征，个体会将自己所了解的信息及时传播与扩散，而缺少对信息本身真实性的核实。而在突发事件发生后，民众急于获取信息，以填补信息的真空，从而使得不实信息有机可乘，容易进行大规模的传播与扩散，并在民众之间引起广泛共鸣。不实信息有时会由于系统性的特征而忽略对事实真相细节的描述，由于个体对事务的观察掺杂了个体的主观能动性，而由此所形成的个体认识和评级以及初步判断本身有很大的局限性，有的是传播主体有意识地对信息进行省略，将自己需要强调的信息进行保存，使之变为突出项。

2. 实际情况被歪曲的不实信息

不实信息传播如同精神“病毒”的感染，个体被感染，会带来情感的激化，促使个体对不实信息进行传播与扩散。在突发事件发生初期，不实信息的起点在某种兴趣的驱动下被个体感知，随后，该个体会对该事件和相关信息进行初评估并把相关的结果告知其他个体，个体之间的直接和间接联系促进了信息的传播与扩散，进而形成不实信息传播的社会网络，网络中的节点即为现实中传播不实信息的个体，节点之间的连线就是个体之间的某种联系。

不实信息在社会网络中传播，个体会将信息按照个体本身的意志进行篡改，使得事件本身的事实被夸大或者扭曲，所有不实信息的传播过程实际上是信息动态变异或者信息畸变的过程，进而信息在传播与扩散过程中能被更多的人认同和采纳。突发事件发生以后，很多不实信息虽然与事件相关，但往往未经证实，却成为进一步传播的信息源，通过个体之间的社交网络反复交互扩散传播，而传播往往会歪曲事实真相，对突发事件本身进行夸大，形成一种不正常的信息传播链条。不实信息的肆意传播会造成不必要的社会恐慌和衍生灾害。不实信息的扭曲性与多元性等特征，将直接导致个体在接受信息或者继续传播信息时束手无策，缺少对于不实信息的自我判断能力，一旦不实信息的传播效应产生，这种不实信息传播所带来的负面影响将很难消除。

3. 不实信息传播的特点

最早研究的谣言传播模型起源于对疾病传播模型的扩展，二者都是个体之间的“接触”致使“病毒”的传播与扩散。梳理不实信息与虚假信息以及谣言信息之间的区别和联系，进而对不实信息的传播动态规律加以掌握，探讨不实信息传播的管控机制。不实信息往往通过网络或者移动社会媒体的新型媒体进行传播与扩散，个体接受信息和传播信息的渠道多样化，信息传播的成功几乎为零，单一个体会成为不实信息传播的核心节点，信息传播开源性强，缺少对于信息真实性的校验。微博或微信等网络传播媒介为不实信息的传播提供了一个互动平台，包括传播个体之间的互动，也包括人际关系传播的互动，通过互动形成焦点话题，并在微博或微信上形成热点问题。同时，这种热点问题的出现又能够引导公众社会舆论走向，成为政府管理者关注的重要舆论战场，官方信息和不实信息在这里发生交互影响和演化。不实信息传播的新媒介使信息传播的匿名信和开源性对突发事件信息管控提出了新的挑战，这就需要在突发事件演变的不同阶段对不实信息的传播进行跟踪，实时监控信息演化过程。不实信息的传播不同于谣言传播的特征主要三点：第一，不实信息最终的传播深度与广度与信息本身以及周围的传播环境都有直接的关系，不实信息传播过程涉及真实信息与虚假信息相互斗争和抢占信道的过程；第二，在不实信息传播过程中，利用其本身的特征反向追溯真实信息的起源，剔除虚假信息对于传播的影响；第三，官方媒体在不实信息传播中扮演着更为重要的角色，要对不实信息进行信息疏导，利用不实信息传播应急进展，正确引导民众认识包含应急信息的不实信息，减少衍生灾害发生的概率。

二、不实信息的传播影响因素研究

Allport 在其研究中提出[71]：“个体对环境的解释及主观臆断，只有在与重要性和模糊性相互作用时才会呈现”，由此，Allport 提出了著名的信息传播影响因素公式：

$$R = i \times a \qquad (2-2)$$

其中，R 代表信息本身，i 代表重要性，a 代表模糊性，公式的真实含义是信息传播的最终波及范围由信息本身的重要性与模糊性决定，Klaus 对公式进行了修改，加入了个体的主观能动性[74]，将传播者的批判能力加入信息传播影响的公式中：

$$R = i \times a \times \frac{1}{c} \qquad (2-3)$$

其中，c 代表谣言传播者的批判能力，信息传播与疾病传播最本质的区别就在于受众的主观能动性，疾病传播是被动接受的，而信息传播的受众是主观性的，传播的过程也可以认为是个体进行思考的过程，有自己的主观判断。从心理学研角度[75]来看，不实信息的模糊性是引起流言的主要原因，这种模糊性和不确定性会引起民众的恐慌和新的衍生灾害。不实信息传播过程会受到传播受众的影响，以 2011 年中国的“碘盐抗辐射”食盐抢购浪潮为例，由于日本核泄漏的突发事件，导致了辐射扩散图等不实信息在社交媒体中广为传播。该信息与每一个个体的切身利益密切相关，属于非常重要的信息，关注的民众数量庞大。同时，由于碘盐抗辐射的信息模糊性，民众对于碘抗辐射的科学知识普及了解不多，一时间“碘盐抗辐射”的信息通过社交媒体疯狂传播，民众的抢盐浪潮更是疯狂。这次“碘盐抗辐射”不实信息的出现充分体现了信息传播的影响公式，个体缺乏对于信息的主观研判，世界各地都出现了疯狂抢盐的事件，但在中国抢购浪潮更为疯狂，而日本本国的抢购情景却远比中国平静，这也说明在中国更多的人相信了这种不实信息，缺少对于不实信息的主观评判能力。不实信息未经证实，包括真实信息也包括虚假信息，是社会舆论的一种反映，在本书中，笔者将流言、传闻以及各种牢骚和小道消息，都当作不实信息。然而也有一些学者认为，这些词语本身就包含着一种比较情绪化的意见传递，其中感性成份占主要部分，而理性部分却很少，且内容方面未经官方证实。

在研究不实信息传播的影响因素问题上，除了前面所提到的信息本身的重要性，信息的模糊性以及传播受众的研判能力、信息传播的媒介与载体也是影响不实信息传播范围的重要因素[76]-[77]。

信息传播研究关注最多的是人与人之间的链状传播模式，实际上，人与人之间的传播是一种网状模式，不同的个体所处的网络位置不同也会影响个体传播信息的影响力。Moreno 等人[78]的研究发现，网络的拓扑结构和参数的不同设置，都能影响到不实信息的传播。很多学者针对小世界与无标度网络进行了研究，将个体传播的网络视为具有 HUB 节点的社交网络或均匀的小世界网络，相较而言，无标度网络的传播可靠性更差，HUB 节点传播信息具有不稳定性，均匀网络结构的社交网络传播可靠性更高，信息畸变的可能性更小。

三、不实信息的传播规律研究

如果将不实信息传播问题仅仅视为单一信息传播与扩散，完全可以按照谣言传播的研究框架进行分析，但实际上，不实信息的传播也是个体与个体之间通过“接触”而进行信息的传播与扩散，与疾病传播有相似的地方，Rapoport[79]最早借助传染病模型来研究信息的扩散问题，比较了两种传播之间的联系和区别。

Daley 和 Kendall 于 20 世纪 60 年代提出了 DK 模型[80]，运用随机过程来分析信息的传播过程，将信息传播的受众分为三类不同的个体，不同类个体之间的个体转换满足一定的概率分布。在初始条件下，假设所有人都未曾听说过一个信息，定义为 $X(0)=N$；有一个人知道该信息并进行传播，定义为 $Y(0)=1$；没有人对信息免疫，定义为 $Z(0)=0$，总体满足 $X(t)+Y(t)+Z(t)=N+1$ 这一规律，则描述 DK 模型的马尔可夫链 $\{X(t),Y(t)\geqslant 0\}$，在连续时间条件下，其转移概率为：

$$\rho_{xy}(t)=P\{X(t)=x,Y(t)=y\mid X(0)=N,Y(0)=1\} \quad (2-4)$$

这一概率分布，在 $0\leqslant x\leqslant N$，$0\leqslant y\leqslant N$ 的条件下，可以满足方程：

$$\frac{\mathrm{d}\rho_{xy}}{\mathrm{d}t}=(x+1)(y-1)\rho_{x+1,y-1}+(N-x-y)(y+1)\rho_{x,y+1}+\frac{(x+1)(y+1)}{2}\rho_{x,y+1}-y\left(N-\frac{y-1}{2}\right)\rho_{x,y} \quad (2-5)$$

Daley[81]详细叙述了信息传播的确定性模型与随机性模型之间的区别与联系，并指出二者的应用范围，并在其信息传播模型中引入随机模型中的随机游走，估计信息传播最终的影响规模为 $\xi_N=X(\infty)/N$。不实信息传播离不开社会网络为依托，而复杂网络则为进一步解决类似的问题提供了基础，促进了不实信息传播研究的新进展。复杂网络研究以网络大数据获取为切入点，借助社交网络中大量的实际数据，从统计物理的研究视角分析了社交网络的均匀与非均匀特征，即小世界和无标度网络特征[82][83]。Zanette[84]主要研究小世界网络，并在信息传播领域最早引入复杂网络理论，其研究假设社交网络是小世界特征，基于此建立信息传播的模型，并得出谣言等信息的传播阈值。对于无标度网络中的信息传播，Moreno 等人[78]建立了谣言信息的传播模型，比较了随机模型的分析结果与计算机真实的仿真结果，二者之间的匹配度较高。此后，大量国内外学者开始将目光关注到复杂网络的研究中，做了很多有意义的工作。社会网络的拓扑结构不同，对网络信息的传播有直接影响，复杂网络的演化过程也为这种研究模式提供了良好的研究平台和思路，Newman 和 Watts 所提出的小世界模型[85]与经典的小世界WS模型有本质的区别，NW小世界模型通过对网络中节点随机加边的方式进行网络规模的扩张，这种构造模式可以有效避免网络连通性与随机化重连的可能性。Bianconi[86]按照网络节点的适应度为基础对网络进行扩展，新的网络节点和已经存在的网络节点之间的连边与网络节点的适应度有关。最近几年的研究不仅仅局限于网络拓扑结构的宏观层面的研究，更多是从微观角度研究局部网络节点之间的关系，探讨网络中紧密子图以及环等微观特征的结构统计分析。汪小帆等人[87]深入研究了网络的聚类系数，并通过网络聚类系数变化来控制谣言和不实信息的传播与扩散；基于传统的疾病传播的仓室模型研究均匀网络中的信息传播，刘宗华等人[88]，以信息传播为例研究了不同的网络拓扑结构对信息传播的影响，在网络节点分类中将网络节点分为“父节点”和“朋友节点”，探讨不同的节点类型对信息传播的影响效果。以万维网为代表的无标度网络在有目的攻击中不能很好地保持网络的稳定性，与之相对应，对网络传播的谣言或者不实信息来讲，对这些特定的网络节点进行重点关注或者免疫，可以对谣言或者不实信息进行有效的阻止，缩小不实信息传播的影响范围，减少不实信息的传播扩散带来的危害。

从动力学过程来看，不实信息的传播过程实际上也是信息传播的动态演化过程，演化的行为会受到不同的网络拓扑结构的影响，对信息最终传播的深度与广度都有不同的影响，通过网络同步可以很好地刻画出这种网络拓扑结构对信息传播所带来的影响。汪小帆和陈关荣[89]首先在复杂网络同步问题上做了大量工作，对多智能体的一致性进行研究，得出了网络同步的数学模型：

$$x^i(t) = f(x^i(t)) - c\sum_{j\in V} l_{ij}H(x^i(t)), i \in V \qquad (2-6)$$

其中，f 和 $x^i(t)$ 描述的是节点的动力学，c 是耦合系数，V 是节点的集合，而 $H(x^i(t))$ 是内部耦合机制，l_{ij} 是网络拓扑中的拉普拉斯矩阵元素。条件 $\alpha < c\lambda_2$ 表明无向连通网络完全同步，参数 α 描述的是网络结构和节点动力学之间的关系，参数 λ_2 是网络拉普拉斯矩阵 L 的最小非零特征值。Barahona 等人[90]也进行了相关的研究，得到特征比 λ_2/λ_N 的条件 $\alpha_1 < c\lambda_2$ 和 $c\lambda_N < \alpha_2$。针对网络本身不能实现同步的情况，汪小帆等人[91]在研究中加入了牵引控制进而使网络达到一种同步的状态。吕金虎等人[92]对于这种所谓的牵引控制的节点数以及同步的状态进行了估计，而李翔等人[93]给出了具体的公式 $N_D^P = N - rank(L)$。刘洋彧等人[94]也进行了类似的研究，将网络的控制模型网设定为 $\dot{x}(t) = Ax(t) + Bu(t)$，其中 $x(t)$ 是维状态的向量，A 是耦合矩阵，用来描述网络拓扑和耦合强度，而 $u(t)$ 是 $M(M<N)$ 是维外部输入控制向量，矩阵 B 则是 $M \times N$ 维的控制输入矩阵。按照可控的经典概念，从某一个时间段开始，可以控制网络在不同状况下的目标，利用图匹配的方法，可以计算出可控的网络中驱动节点的具体数学表达式：$N_D^S = \max\{1, N - |M|\}$，其中 $N - |M|$ 表示的是未匹配的节点数。借助空穴方法，进一步推导出无标度网络中控制驱动的节点比例近似值：

$$n_D^S \approx \exp\left\{-\frac{1}{2}\left[1 - \frac{1}{\gamma - 1}\right] < k >\right\} \qquad (2-7)$$

$\gamma = 2$ 时是最大的控制状态，网络中的所有节点基本上都需要进行控制。Lehnert 等人[95]研究有向加权网络时，借助矩阵特征值理论得到具有一般性的精确的网络可控驱动节点的数目：$N_D^E = \max$

$\{\mu(\lambda_i)\}$，其中$\mu(\lambda_i)$表示耦合矩阵A特征值的几何重数。

四、不实信息的控制研究

除了研究对于网络节点的可控性问题研究，也有学者从外界宏观控制层面研究不实信息的传播问题。Zhang 等人[96]研究网络舆情信息的交互模型，在经典的三分子模型基础上描述舆情发展、应急事件等之间的演化关系。之后，Huo 等人[97]探讨了不实信息的传播与政府在应急效用方面两者之间的演化模型，通过动力学方程剖析二者之间的演化与控制过程。Zhao 等人[98]对已有的模型进行了总结，探讨了不实信息传播与官方媒体之间的交互影响。

随着“互联网 +”时代的兴起，以现代通讯技术和通讯网络为新传播媒介加以广泛运用，基于新媒介的不实信息传播也成为当下的一个研究热点，Kwak 等[99]以微博信息传播为研究对象，探讨微博转发量的发生时间间隔与维度，用户的关注数目与微博转发数量之间的关系。Serrano 等[100]研究微博关键词与用户之间的关系，研究真实信息与不实信息的传播问题，最后以计算机仿真模拟探讨了微博信息的传播影响。中国学者对新媒介微博和微信传播控制也进行了深入的研究，Zhao 等[101]以 SIR 模型为基础，探讨不实信息的传播与控制，比较了新媒介与传统媒介传播的深度与广度。孙宁等[102]总结了新媒介环境下不实信息传播的热点问题，剖析网络不实信息传播的不同发展阶段，本书对 2008—2014 的网络热点问题进行了统计聚类分析，剖析不实信息的传播与控制。

关于不实信息的传播问题，纵观国内研究，总结如下：

第一，针对网络中不实信息的研究正在蓬勃兴起。目前我国对网络不实信息的研究甚为重视，每年向相关的课题发放高额的国家自然科学基金资助；国内相关学者包括博士研究生和硕士研究生对网络不实信息模型的研究数量庞大；国内的重要核心期刊鲜有相关文章发表，而更多出现在一般学术期刊和社会杂志中。

第二，应用研究多针对具体的网络社交平台，而缺少不实信息传播的整体综合模型。随着网络时代新媒体的快速发展，越来越多的企业开始关注网络不实信息监控系统的研究，并投入大量资金进行研发；研究模型多针对具体的网络社交平台，如微信、微博、博客和论坛等领域，但是还缺少针对网络不实信息传播问题而构建的整体综合模型。

第三，当前的研究缺少对具体不实信息问题所涉及的传播案例的验证分析研究；网络不实信息的研究设计领域广泛，多学科、跨学科现象明显，因此，很多不实信息传播研究是基于定性角度来推断问题的解决思路。

第三节　动力系统的稳定性

一、系统稳定性的相关概念

所谓系统的稳定性，是指当原本处于稳定平衡的系统，在受到一定的外界干扰作用后，通常需要经过一定的时间才能恢复到原来的稳定状态或者从原来的稳定状态转变为新的稳定状态。如果系统受到外界扰动后仍然能恢复到之前的稳定状态，我们称之为稳态系统；当外界干扰因素较小的时候，系统发生变化之后无法恢复到之前的稳定状态，则前后两种稳态的偏差越大，此系统越是不稳定。较小的初始扰动干扰系统后，原来的系统还是处于稳定状态或者与原来的稳定状态偏离较小，则称此系统是稳定的；随着时间的无限延伸，受到干扰的系统仍然能恢复到之前的稳定状态，则称之为渐进稳定的系统；不管受到什么初始干扰，系统都能随着时间的延伸恢复到之前的稳定状态，则称之为全局渐进稳定的系统。通过对经典的传染病动力学理论模型进行研究，我们可以运用系统动力学理论来分析传染病动力学模型，利用平衡点的稳定状态评价传染病的演化趋势——爆发还是灭亡。以经典的 *SIR*(*SI*)传染病动力学模型[103]为例，此系统有两个平衡点：一个是无传染病传播的稳定平衡点；一个是存在疾病传播的稳定平衡点。因此，对传染病动力学模型中的平衡点进行稳定性分析，具有重大的理论意义和实践意义。

二、Routh – Hurwitz 稳定性判据

国内外有许多学者致力于系统稳定的判断准则的研究，其中比较著名且被其他学者多次引用的如 Routh – Hurwitz 稳定性判据[104]、Nyquist 稳定性判据[105]以及 Bode 稳定判据[106]。本书运用 Routh – Hurwitz 稳定性判据研究了不实信息的传播动力学模型的稳定性状态。Routh – Hurwitz 稳定性判据对系统稳定性判断的主要方法为：对于构造线性系统的特征方程式，当所求解的所有特征根均为负数，或者是具有负实部的虚根的时候，换言之，特征方程式中所有的特征根均位于复数平面的左边时，则称此线性系统是稳定的。

从系统的稳态来看，特征根就是这个系统的一个极点。若系统的特征方程对应的特征根，仅仅位于复平面的左半平面，而在右半平面没有虚根，但在虚轴上存在根的时候，则可以判定为该系统是处于临界稳定状态的。

1. Routh - Hurwitz 判据

判定线性系统稳定性的充要条件准则：封闭系统的特征方程式的所有根必须都存在于 S 的左半平面上。换言之，若对封闭系统的稳定性进行判别，可令封闭系统的特征方程为：

$$a_0 s^n + a_1 s^{n-1} + a_2 s^{n-2} + \cdots + a_{n-1} s + a_n = 0,\ a_0 > 0$$

即：特征方程式的所有特征根都是负实数或者负的实部，则可判定特征方程式中各幂次项系数都是正实数。将特征方程的各幂次项系数按以下的要求写成 Routh 表如下：

$$\begin{pmatrix} S^n & a_0 & a_2 & a_4 & a_6 & \cdots \\ S^{n-1} & a_1 & a_3 & a_5 & a_7 & \cdots \\ S^{n-2} & b_1 & b_2 & b_3 & a_4 & \cdots \\ S^{n-3} & c_1 & c_2 & c_3 & \cdots & \cdots \\ \vdots & & & & & \\ S^2 & d_1 & d_2 & d_3 & \cdots & \cdots \\ S^1 & e_1 & e_2 & \cdots & \cdots & \cdots \\ S^0 & f_1 & \cdots & \cdots & \cdots & \cdots \end{pmatrix}$$

式中：

$$b_1 = \frac{a_1 a_2 - a_0 a_3}{a_1},\ b_2 = \frac{a_1 a_4 - a_0 a_5}{a_1},\ b_3 = \frac{a_1 a_6 - a_0 a_7}{a_1},\ \cdots, c_1 =$$

$\dfrac{b_1a_3-a_1b_2}{b_1}$，$c_2=\dfrac{b_1a_5-a_1b_3}{b_1}$，$c_3=\dfrac{b_1a_7-a_1b_4}{b_1}$，…，$f_1=\dfrac{e_1d_2-d_1e_2}{e_1}$

求解可得矩阵中 $n+1$ 行的系数，然后按以下情况进行判定。

（1）若 Routh 表中第一列所示的元数均为正的实数，则认为此特征方程式的所有特征根都在 S 的左半平面，据此可以判断此系统是稳定的；

（2）若 Routh 表中第一列所示的元数为非正实数，则认为此特征方程式的所有特征根不完全存在于 S 的左半平面，据此可以判断此系统是非稳定的。

2. Hurwitz 判据

Hurwitz 判据通常用于分析 6 阶特征方程式及以下的系统的稳定性问题。

可以将系统的特征方程写成如下标准形式：

$$a_0s^k+a_1s^{k-1}+a_2s^{k-2}+\cdots+a_{k-1}s+a_k=0,\quad a_0>0$$

按以下准则写出关于系统的特征方程中各项系数的行列式：

$$\Delta=\begin{vmatrix} a_1 & a_0 & 0 & 0 & 0 & \cdots \\ a_3 & a_2 & a_1 & a_0 & 0 & \cdots \\ a_5 & a_4 & a_3 & a_2 & a_1 & \cdots \\ a_7 & a_6 & a_5 & a_4 & a_3 & \cdots \\ a_9 & a_8 & a_7 & a_6 & a_5 & \cdots \\ \vdots & \vdots & \vdots & \vdots & \vdots & \vdots \\ 0 & 0 & 0 & 0 & 0 & a_k \end{vmatrix}$$

式中：$k=1, 2, 3, \cdots, n$

行列式中各元数的赋值如下：

对角线上的各元数分别对应特征方程式中 k－1 次幂开始的各项系数值。其他各元数以行列式中对角线上的元数为基准，在行列式对角线下方的元数以对应行所在元数依次递增（系数 a 的脚标递增）；而在行列式对角线上方的元数，则以对应行所在元数依次递减（系数 a 的脚标递减）。在出现特征方程中不存在的系数时，应用 0 来替代系数值。

Hurwitz 判定的准则如下：达到系统稳定的充要条件是：当 $a_0>0$ 时，上述构造的行列式中其对应的各阶主子式均大于零。即：

$$\Delta_1=a_1>0,\ \Delta_2=\begin{vmatrix}a_1 & a_0\\ a_3 & a_2\end{vmatrix}>0,\ \Delta_3=\begin{vmatrix}a_1 & a_0 & 0\\ a_3 & a_2 & a_1\\ a_5 & a_4 & a_3\end{vmatrix}>0,\ \cdots,\ \Delta_k>0$$

三、二阶复合矩阵理论

本书需要用到部分二阶复合矩阵理论分析，以及求解特征方程的渐进稳定性性质。

针对二阶复合矩阵理论的一些基本性质[107]，本书简单介绍如下：

假设 A 是一个 $m\times m$ 阶的实数矩阵，并用这个实数矩阵表示在空间维度为 R^m 上的一个线性算子空间，用 Λ^2R^m 来标记外积空间，即可在线性算子 A 和外积空间 Λ^2R^m 的基础上构建一个算子 $A^{[2]}$：u_1，$u_2\in R^n$，并定义为：

$$A^{[2]}(u_1\wedge u_2)\equiv A(u_1)\wedge u_2+u_1\wedge A(u_2)$$

相似的道理，可用 $A^{[2]}$ 来表示与其相对应的矩阵，这样就可以得出 A 的二阶复合矩阵（Second addative compound matrix），从以上定义可知，$A^{[2]}$ 是一个 $\binom{n}{2}\times\binom{n}{2}$ 阶的矩阵列表，并且 $A^{[2]}$ 满足合并律 $(A+B)^{[2]}=A^{[2]}+B^{[2]}$，令 $Z=(A)^{[2]}=(z_{ij})$，式中，$1\leqslant i, j\leqslant\binom{n}{2}$，且元数 z_{ij} 是矩阵 A 中各元素的线性排列与组合。例如：当 $n=2$ 时，$A_{2\times2}^{[2]}=a_{11}+a_{22}=Tr(A)$；当 $n=3$ 时，$A^{[2]}=$
$$\begin{pmatrix} a_{11}+a_{22} & a_{23} & -a_{13} \\ a_{32} & a_{11}+a_{33} & a_{12} \\ -a_{31} & a_{21} & a_{22}+a_{33} \end{pmatrix}$$
，为矩阵 $A=(a_{ij})$ 的二阶复合矩阵。

第四节　最优控制理论

著名的国际自动控制联合会（IFAC）于 1960 年在莫斯科召开第一届世界大会，在会上，Bellman、Kalman、Pontryagin 等著名学者进行了关于最优化控制理论的报告，伴随着此次会议的成功举行，最优化控制理论由此诞生并蓬勃发展[108]。

作为现代控制理论中的核心分支之一，最优控制理论的本质就是假设系统在满足特定的约束条件下，如何寻找成本最低而收益最大化的控制策略或者最优的控制规律。简言之，最优控制理论主要研究的领域为：在一个存在约束条件的动力学系统和轨迹运动中，研究系统的运动轨迹如何从某个初始的状态迁移到特定的目标状态并从这一可行的区域解中找到性能指标最好的轨迹[109]。

从广义上说，作为变分学一个分学科的最优控制理论，它主要的研究内容为：探讨指标泛函数所存在的零界点及零界点存在的必要条件。与一般的变分控制理论不同的是，最优控制理论将指标函数作为特殊的控制变量的函数，而不是直接由控制变量表示。借助偏微分方程将控制变量转变为状态变量，并结合状态变量共同描述指标函数。例如，若需要控制的系统为经典抛物线特性函数时，从而可将该问题转化为以下最优控制问题：

$$\mathrm{Min}\int_0^T L(y(t),u(t))\,dt \tag{2-7}$$

对于 $u \in U_{ad}$，$y \in Y$ 使得：

$$\begin{cases} y - \Delta y + f(y,\ u) = 0, & \text{在 } Q = \Omega \times (0,\ T); \\ y = 0 & \text{在 } Q = \partial\ \Omega \times (0,\ T); \\ y(0,\ x) = y_0(x) & \text{在 } Q。\end{cases}$$

其中，U_{ad}表示控制集合；Y 表示状态空间；f 代表非线性函数；$L = U_{ad} \times Y \rightarrow R$ 代表指标泛函。

假设 $u^* \in U_{ad}$，是最优控制问题（2－7）的最优解，那么，我们所要研究的一个重要问题是：如何确定这个最优解需要满足哪些必要条件。即运用变分学中的 Euler 方程找出最优解，或者运用最优控制理论中的 Pontryagin 最大值原理求解满足约束条件的最优值。极大值原理是庞特里亚·金在 20 世纪 50 年代中后期依据力学中的经典变分原理改进而来的，并出版了《最优过程的数学理论》一书详细介绍最大值原理的证明及主要结论[110]。Barbu 假设非线性函数f和指标函数 L 都为非光滑的函数，并将其假设为多值映射的问题（其中包含自由边界问题）后[111]，进行了更为深入的研究。

第五节 本章小结

本章梳理了经典的传染病模型及其稳定性的研究，并通过查阅有关谣言研究的相关文献，整理了在突发事件发生后信息传播问题的研究现状，针对本书所探究的不实信息传播所涵盖的不实信息竞争传播、传播机制、传播与控制研究、与政府控制决策等问题，进行了系统而全面的整理回顾，从而找到本研究的切入点，为下文的研究建立不实信息传播的模型，并为探究不实信息传播机制进行一定的理论铺垫和解释。在本书中的后续研究中将会用到的相关概念也都得到相应的介绍，特别是与系统动力学的稳定性相关的判定，以及最优控制相关理论，从而为下一步的研究作出理论铺垫。

第三章

考虑节点本身重要性与关系密切程度的不实信息传播模型

复杂网络中的不实信息传播主要依靠个体节点之间的交互，特别是对不实信息来说，个体接受不实信息的程度取决于传播信息个体的重要性程度以及接收者与传播者之间的亲密关系。本章主要探讨不实信息传播的复杂网络模型及其在社交网络中的信息传播模式，研究不实信息传播机理及不实信息能够传播的阈值，通过仿真模拟剖析不实信息传播的规律，为应急管理中的不实信息传播与正确疏导提供理论指导。

第一节 引 言

在现代信息社会，随着网络以及新媒体的蓬勃发展，不实信息的传播日益成为现代社交网络生活的一部分。一些与社会公共事件或者社会热点事件紧密联系的不实信息在线下和现上交互传播，经过滋生蔓延和发酵，信息逐步被扭曲放大，并在极短的时间内引发大量关注，使得不实信息的积累明显，并具备一定的针对性和扩散性。以2016年上海房地产市场出现的不实信息传播为例。

2016年，网络上所谓“9月起上海市将实行购房信贷新政”的消息开始流传后，上海房地产市场出现了短期动荡，新房和二手房的成交量飙升，假离婚者几乎都要挤破民政局大门，在房地市场上掀起了一幕幕闹剧。真实的情况是，该信息为个别房地产中介人为制造的谣言，由于该信息在某些公众号等具有广泛影响的新媒体上发布，加之购房者个体对房地产市场的恐慌，最终导致了上海房地产市场的这场动荡。

微博、微信日益成为网民进行社交的主要工具，是网民表达自己声音的一种载体，同时也是接受信息的主要来源。按照复杂网络的观点，实际上个体仅仅是网络中的一个点，人与人之间的联系构成了网络中的连边，这种联系会将信息从一个点向另外一个点传播。已有的研究主要集中在对不实信息的影响波及范围与传播趋势的研究，不实信息有产生到消亡的一个过程，通过对不实信息传播机理的研究，进而为对不实信息的正确引导提供理论基础。不实信息在社会中传播，实际上是信息在社会网络中所进行的扩散。因此，个体与个体之间的关联，也成为不实信息传播研究的一个重点[72]，通过这种人与人之间的关联与联系来挖掘不实信息传播的内在规律。针对不实信息传播的内在机理加以分析，同时也可以为网络传播模型提供更加完善的补充。元胞自动机也是不实信息研究的一个热点，主要是通过动力学方程找到不实信息传播过程中的影响因素和影响力度。数学模型是将现实中的问题进行简单抽象，通过理论分析得出指导实际的宏观结论。数学模型是不实信息传播研究的另一个重点，主要是剖析不实信息传播的扩散机理，研究不实信息传播过程中所有节点之间的关系，研究不同热点事件不实信息之间的关联与影响。博弈论是研究博弈双方的对策问题，在不实信息传播过程中，网络传播策略中不同的节点选择实际上也一种博弈问题，特别是在社区内的传播，不同传播兴趣之间的选择，将网络不实信息的传播看作是民间舆论场和官方舆论场交互作用的结果，目的是分析应急管理者如何对不实信息进行有效的引导。动力学探讨的是过程的动态变化，在不实信息传播过程中，动力学模型随时间变化的传播个体与传播演化问题，也是众多学者的研究重点，通过借鉴经典的疾病传播模型并将其应用于不实信息传播问题的研究，以此分析两者在传播过程中关于时间相关的演化过程。同时，部分学者针对不实信息传播与应急管理的交互过程进行了研究，应急事件的发展会影响不实信息的传播，为不实信息传播制造新的话题，同时，不实信息的传播为网民播报应急信息，也有可能衍生出新的应急事件，二者之间相互影响。有关不实信息传播的文献，通常是从信息传播的角度出发，借助经典的谣言等信息传播模型进行一定程度的改进，并考虑信息传播中的各种影响因素，以及它们在信息传播过程中所能发挥的作用。

不实信息的传播机理思想来源于基本传播的研究，基本传播过程中个体之间的接触引发传播，对基本传播的影响因素如个体之间网络权重[112][113]、健康个体的易染性[114][115]等都有较为深入的研究。Granovetter[112]认为，个体之间的权重可以用个体之间的联系紧密程度来衡量；Onnela[114]提出了简单有效的个体紧密程度测量公式，对于加权复杂网络，用网络之间的权重刻画个体节点之间的紧密程度。对于不实信息的传播而言，这种个体之间的紧密程度能更好地刻画个体节点之间的信息传播过程，个体节点更容易接受来自关系密切的个体节点的信息，在实际的社会网络中也是如此，个体对来自身边“熟人”的信息信任程度更高。

日益发展的新媒介如微信、微博等也是传播不实信息的一个重要途径，在实际生活中，个体对网络大V等意见领袖的信息信任程度也会比一般的节点传播信息的信任程度要高得多，这里实际上就是网络中重要节点对信息及其基本传播的影响[116][117]，个体会认为来自重要节点的信息属于权威信息，更能令人信服。

本章重点研究不实信息传播的机理，认为不实信息也是通过人与人之间的某种“接触”而产生的传播，信息按照与病毒扩散相似的规律在网络中传播，并使得相邻的接收者获得信息。而在信息传播过程中，当个体在接触到由信息节点传播来的信息，个体对于自己接触到的不实信息有一个思考和判断的过程，相信与否会有一定的概率。从心理学角度来讲，个体在接受不实信息时，会受到多方因素的影响，个体对不实信息的认同感主要受到不实信息来源的影响，对于权威信息以及与自己关系亲密的个体所传播的信息，获得个体认同感的概率较大，本章主要考虑传播者的重要性程度以及传播者与受众的关系亲密程度影响个体对不实信息的接受概率，借助平均场方程，探讨不实信息在复杂网络中的传播规律与扩散机理，并研究不实信息在复杂网络中进行传播的阈值以及不实信息的影响范围，通过仿真模拟等手段，将不实信息的传播与扩散过程刻画出来，并逐一分析不同的参数对不实信息传播的影响。

第二节　经典的信息传播模型

Zanette[84]在小世界网络中建立了谣言传播模型，并首先在谣言传播中引入了复杂网络理论。按照这一模型，人群也被分为三类：将没有听过谣言的人称为谣言易染者，将听到谣言并进行传播的人称为谣言感染者，将不相信谣言的人称为谣言免疫者。针对这三类人群，分别用：n_S，n_I，n_R 来分别表示谣言易感染、感染以及免疫的人群总数，并在之前的模型基础上相应简化了谣言传播的复杂机制，假定易染者一旦和感染者接触就能够被感染，而感染者与免疫者或感染者进行接触却可以变为免疫者，还简化了谣言传播机制，得到的平均场方程为：

$$\begin{cases} \dfrac{\mathrm{d}n_S}{\mathrm{d}t} = -n_S \dfrac{n_I}{N} \\ \dfrac{\mathrm{d}n_I}{\mathrm{d}t} = n_S \dfrac{n_I}{N} - n_I \dfrac{n_I + n_R}{N} \\ \dfrac{\mathrm{d}n_S}{\mathrm{d}t} = n_I \dfrac{n_I + n_R}{N} \end{cases} \tag{3-1}$$

这个研究结果表明，当谣言在人群中进行传播的时候，人们逐渐被分化成两部分，即听过谣言后免疫的人和从未听过谣言的易感染人群。

进一步分析，当整个人群中的个体数量 N 趋向于无穷大时，免疫者在人群中所占的比例 r 最后将稳定在均态，约为 0.796，其结果表明有将近 20% 的人从来没有听说过谣言。

而通过进一步研究发现，当 n_R 处于相对比较小的数值区域内时，n_R 与 n_I、n_R 以及灭绝时间 T 的相关性是服从幂率分布的；当 n_R 处于相对比较大的数值区域内时，如果 p 增大，T 减小，n_R 与 n_I 都增大，则说明整个网络的传播过程变得非常有效率。这个结论在动态小世界模型中也同样存在。

不同于前文所叙的研究者通常直接借用传染病模型对人群分类的一般方法，在 2004 年，Moreno 等人[78]提出了针对谣言传播模型的较为规范的分类法。这种方法把人群分为 Ignorant（没有听到过谣言的人）、Spreader（谣言传播者）和 Stiffer（听到谣言但并不传播的人）等三种类型。之后所提到的为 ROA 谣言传播模型的人群分类法，一般都沿用把人群分为 Ignorant、Spreader 和 Stiffer 三种的做法，其中，$i(t)$ 与 $s(t)$ 、$r(t)$ 分别表示这三类人在某一时刻所对应的比例，而 $<k>$ 则表示网络的平均度。基于此分类法和相应假设，Moreno 等给出类似于小世界网络的等指数型均匀网上 SIR 谣言传播平均场方程：

$$\begin{cases}\dfrac{di(t)}{dt} = -\lambda <k> i(t)s(t)\\[2ex]\dfrac{ds(t)}{dt} = \lambda <k> i(t)s(t) - \lambda <k> s(t)[s(t)+r(t)]\\[2ex]\dfrac{dr(t)}{dt} = \lambda <k> s(t)\ [s(t)+r(t)]\end{cases} \quad (3-2)$$

和类似无标度网络的这种幂律分布型非均匀网络谣言传播的平均场方程：

$$\begin{cases}\dfrac{\mathrm{d}i_k(t)}{\mathrm{d}t}=-\lambda i_k(t)\sum\limits_{k'}\dfrac{k'P(k')i(t)s_{k'}(t)}{<k>}\\ \dfrac{\mathrm{d}i_k(t)}{\mathrm{d}t}=\lambda i_k(t)\sum\limits_{k'}\dfrac{k'P(k')i(t)s_{k'}(t)}{<k>}-\xi ks_k(t)\sum\limits_{k'}\dfrac{k'P(k')i(t)[s_{k'}(t)+r_{k'}(t)]}{<k>}\\ \dfrac{\mathrm{d}r_k(t)}{\mathrm{d}t}=\xi ks_k(t)\sum\limits_{k'}\dfrac{k'P(k')i(t)[s_{k'}(t)+r_{k'}(t)]}{<k>}\end{cases}\tag{3-3}$$

上式中 $i_k(t)$、$s_k(t)$ 和 $r_k(t)$ 分别表示连接度为 k 的人分别处于 Ignorant、Spreader 和 Stiffer 等不同状态下的各自人群比例，而 $P(k)$ 则表示网络的连接度分布函数。通过平均场方程的求解和分析，均匀网络中谣言的传播，没有所谓非零的临界值。因此，如果谣言得以在非均匀网络中传播，那么在网络中最终能听到谣言但并不传播谣言的人数，应该与感染的概率有着非常密切的关系，而与所谓传播源的度值大小则无关。这些研究还表明，和在无标度网络中比起来，谣言在小世界网络中进行传播，其传播力更大，传播范围更远。

第三节　考虑节点本身重要性与关系密切程度的不实信息传播模型

本章假设不实信息在社交网络中传播与扩散时，信息不涉及畸变，本书重点考虑信息传播的动态演化规律与演化机理，个体节点接收并传播外界传递的信息，和疾病传播的方式存在着不同，特别是不实信息的接受和继续传播的过程也是个体进行主观思考和判断的过程。对于疾病所传播的病毒，个体节点通常都是被动接受的，但是在不实信息的传播与扩散中，在对信息真假难辨的时候，个体会根据传播者的权威程度以及自己与其之间的关系密切程度，选择相信或者不相信。

以微博、微信中的不实信息传播为例，网络大 V 或者公众号、政府部门的官方微博等发布的信息会使个体相信这些信息并使其继续传播的概率增加。社会公共事件发生后，各种小道消息满天飞，民众会选择相信官方发布的危机信息，并在社交网络中继续传播。同时，如果信息的发布者是与自己联系较为密切的节点，个体基于已有的亲密关系，选择相信对方传播的信息概率会更大。

本章基于信息传播者本身的重要性以及传播者与受众之间的关系亲密程度，将这两种影响因素纳入不实信息传播与扩散过程，在面对不实信息时，个体节点对于不实信息的相信度由这两种因素确定。

一般来讲，传播者的权威性以及重要性越高、传播者与受众之间的关系越密切，个体相信不实信息的概率也就越高。正是基于这种假设与考量，本章借助平均场方程，修正了经典的信息传播模型，以求更准确地刻画不实信息的传播与扩散的动态过程，并通过仿真模拟的手段，探讨不实信息的传播机理。参数含义如表 3-1：

表 3-1　相关参数对照表

k，k_{max}	网络中节点的度，最大的度
β	复杂网络的网络结构描述
$P(l \mid k)$	度相关函数
$I(k, t)$	t 时度为 k 的未感染节点数量
$S(k, t)$	t 时度为 k 的传播节点数量

续表

k, $k_{\max}$	网络中节点的度，最大的度
$R(k, t)$	t 时度为 k 的免疫节点数量
$\rho^i(k, t)$	t 时度为 k 的未感染节点的比例
$\rho^s(l, t)$	t 时刻从度为 l 的传播节点的比例
$\rho^r(l, t)$	t 时刻从度为 l 的传播节点的比例
λ_{lk}	度为 k 未感染节点被度为 l 感染节点感染的概率
δ	感染节点由于失去传播的兴趣而转化为免疫节点的比例
P_{ii}^j	度为 k 的节点 j 在时间区间［t, $t+\Delta t$］不被度为 l 的感染节点所感染的概率
$\Theta(l)$	度为 l 的传播节点的感染性函数
ω_{lk}	度为 l 的节点与所连结的度为 k 节点之间的关系密切程度
$\dfrac{\omega_{lk}}{N_k}$	节点之间的密切关系程度
$g=g(t)$	节点 j 的邻居当中处于感染节点的个数
P_{is}^j	节点 j 被感染的概率，从未感染状态 i 到感染状态 s 的概率
$\eta(k, t)$	在 t 时刻从度为 k 的未感染节点指向传播节点的概率
$P(s_l \mid i_k)$	度为 k 的未感染节点链接到度为 l 的传播节点
θ	权重系数
$P(k)$	度分布函数 $P(k)-mk^{-\gamma}$，$2<-\gamma\leqslant 3$，参数 m 是常数
R	不实信息传播的最终规模

本书基本假设：

（1）用节点的度来刻画节点在网络中的重要性程度，度越大，节点的重要性程度越大，在信息传播过程中的权威就越高，所传播的信息被相信的概率越大。以微博、微信中的不实信息传播为例，网络大 V 或者公众号、政府等部门的官方微博发布的信息会使个体相信这些信息并继续进行传播的概率增加。当社会公共事件发生后，各种小道消息满天飞，民众会选择相信官方发布的危机信息，并在社交网络中继续传播。

（2）在复杂的社会网络中，假设某单个个体节点所发布的消息，都会被其好友看到，并能以一定的概率继续进行分享和传播。如果其好友节点对其该信息的内容不太感兴趣，则他们可以成为“免疫者”而且不会对之传播。本章把社会网络的单个用户都定义为不同节点，而节点之间的亲密关系或者好友关系的程度则用节点之间的边来表示，设定信息只沿节点之间连接的边进行传播。

（3）同样，借助不实信息在社交网络中的一般传播规律，我们把网络中的节点分为三类：未感染节点 $I(k, t)$、传播节点 $S(k, t)$、免疫节点 $R(k, t)$，(k, t) 表示在 t 时度为 k 的节点数量，网络中节点以度 k 作为分类依据，度为 k 的节点作为一类。所谓传播节点，是指该节点接受了来自邻居节点的信息，并同时具有了传播该信息的能力。所谓未感染节点，则是指该节点并没有接受过来自邻居节点的信息，并有机会接受信息检查，即有概率被感染。所谓免疫节点，则是指该节点已经接受了邻居节点的信息传播，但是其自身却不具有传播能力。不同节点在传播状态、未感染状态和免疫状态之间的转移，不仅取决于节点自身的状态，还与其邻居节点的状态密切相关。

基于此，定义以下传播规则：

①如果一个度 k 未感染节点与一个度为 l 的传播节点接触，则相应的未感染节点会以概率 λ_{lk} 成为传播节点；

②假设所有传播节点不会无休止地传播下去，并会以一定的速度 δ 停止传播而变为免疫节点，并且不需要与其他节点接触。

按照参数定义，$P_{is}^{j} = 1 - P_{ii}^{j}$ 则表示节点被感染的概率，其中 λ_{lk} 表示度为 l 的节点与度为 k 的感染节点之间的传播概率。

则：

$$P_{ii}^{j}=(1-\lambda_{lk}\Delta t)^{g} \tag{3-4}$$

其中，$g=g(t)$表示节点j的邻居当中处于感染节点的个数，假设节点j的度为k，考虑随机变量：

$$\pi(g,\ t)=\binom{k}{g}\eta(k,\ t)^{g}(1-\eta(k,\ t))^{k-g} \tag{3-5}$$

$\eta(k,\ t)$表示在t时刻从度为k的未感染节点指向传播节点的概率，进而：

$$\eta(k,t)=\sum_{l}P(l\mid k)P(s_{l}\mid i_{k})\approx\sum_{l}P(l\mid k)\rho^{s}(l,t) \tag{3-6}$$

$P(l\mid k)$为度相关函数，$P(s_{l}\mid i_{k})$实际上是指给定了度为k的未感染节点，让其链接到度为l的传播节点指的条件概率，而$\rho^{s}(l,\ t)$是t时刻从度为l的传播节点的密度。

故，感染节点的传播概率为：

$$\begin{aligned}\overline{P}_{ii}(k,t)&=\sum_{g=0}^{k}\binom{k}{g}(1-\lambda_{lk}\Delta t)^{g}\eta(k,t)^{g}(1-(k,t))^{k-g}\\&=\left(1-\Delta t\sum_{l}\lambda_{lk}P(l\mid k)\rho^{s}(l,t)\right)\end{aligned} \tag{3-7}$$

为简化模型的计算过程，本书假设在不实信息的传播过程中，信息的传播状态节点$S(k,\ t)$与自身以及免疫节点$R(k,\ t)$之间接触不改变各自的状态，即式(3-3)中$\xi=0$。

在时间区间［$t,\ t+\Delta t$］内，度为k的未感染节点变成感染节点的概率满足二项分布的随机变量，进而得到复杂网络中不同状态节点的动态变化方程：

$$\begin{cases} I(k,t+\Delta t) = I(k,t) - I(k,t) \times \left[1 - (1 - \Delta t \sum_{l} P(l \mid k)\rho^{s}(l,t)\Theta(l)\lambda_{lk})^{k}\right] \\ S(k,t+\Delta t) = S(k,t) + I(k,t) \times \left[1 - (1 - \Delta t \sum_{l} P(l \mid k)\rho^{s}(l,t)\Theta(l)\lambda_{lk})^{k}\right] - \\ \delta\rho^{s}(k,t) \\ R(k,t+\Delta t) = R(k,t) + \delta\rho^{s}(k,t) \end{cases} \tag{3-8}$$

其中，$\Theta(l)$表示度为 l 的传播节点感染性函数，描述节点的在单位时间内可以感染多少节点。利用平均场方程理论，式（3－8）可以写为：

$$\begin{cases} \dfrac{d\rho^{i}(k,t)}{dt} = -\rho^{i}(k,t) \sum_{l} P(l \mid k)\rho^{s}(l,t) \dfrac{\Theta(l)}{l}\lambda_{lk} \\ \dfrac{d\rho^{s}(k,t)}{dt} = \rho^{i}(k,t) \sum_{l} P(l \mid k)\rho^{s}(l,t) \dfrac{\Theta(l)}{l}\lambda_{lk} - \delta\rho^{s}(k,t) \\ \dfrac{d\rho^{r}(k,t)}{dt} = \delta\rho^{s}(k,t) \end{cases} \tag{3-9}$$

λ_{lk}表示度为 l 的未感染节点与度为 k 的感染节点之间的传播概率。

已有的研究信息传播或者基本传播大多将 λ_{lk}视为常数，本章研究考虑度为 l 的未感染节点与度为 k 的感染节点之间的传播概率会受到其他的因素影响。以不实信息的传播为例，不实信息传播会受到不实信息的传播者、不实信息的信息接收者以及二者之间的关系密切程度等因素的影响。

对于节点之间的关系密切程度，本书用复杂网络中的两个节点的权重作为二者关系密切的衡量，用 ω_{lk} 表示。为了与节点的度建立联系，假设 $\omega_{lk}=\omega_0(kl)^{\beta}$[116-117]，其中 β 在某种意义是复杂网络的网络结构描述。为了体现节点之间的关系紧密程度，对 ω_{lk} 进行归一化处理，用 $\frac{\omega_{lk}}{N_k}$ 表示节点之间的密切关系程度，其中，$N_k = k\sum_{l} P(l \mid k)\ \omega_{kl} = b\ \frac{k^{1+\beta}}{<k>}\ <k^{1+\beta}>$，记 $<O(k)> = \sum_{l} P(l)O(k)$。

考虑到权威节点对信息传播的影响，在不实信息的传播过程中以度作为节点的重要性衡量指标，按照最古老的节点重要性评价指标，认为度越大，则节点越是重要。

以微信、微博为例，大 V 节点在不实信息的传播过程中扮演着十分重要的角色，大 V 节点拥有成千上万的“粉丝”，这些网络大 V 一般是一些明星或者社会公众人物，在民众中有一定的权威性。在本书中，考虑到不实信息的传播过程中，认为节点的重要性程度也是影响节点间传播概率的一个影响因素，用 $\frac{k}{k_{max}}$ 来衡量节点的重要性，其中 k_{max} 为网络中最大的度。

综合节点与节点之间关系密切程度以及传播节点的重要性程度，传播概率 λ_{lk} 可以写为：

$$\lambda_{kl} = \lambda k\left(\frac{\omega_{kl}}{s_k}\right)^{\theta} * \left(\frac{k}{k_{max}}\right)^{(1-\theta)} = \lambda k^{2(1-\theta)} l^{\beta\theta}\left[\frac{<k>}{<k^{1+\beta}>}\right]^{\theta} k_{max}^{\theta-1} \tag{3-10}$$

$\Theta(l)$ 表示感染节点在单位时间内可以感染多少个邻居节点，令 $\Theta(l)=l^{\alpha}$[118-119]，$0<\alpha\leqslant 1$。

则式（3－9）可写为：

$$
\begin{cases}
\frac{\mathrm{d}\rho^{i}(k,t)}{\mathrm{d}t} = -\frac{\lambda k^{\beta\theta+1}}{[k_{max} < k >]^{1-\theta}[< k^{1+\beta} >]^{\theta}}\rho^{i}(k,t)\sum_{l}P(l)l^{2(1-\theta)+\alpha}\rho^{s}(l,t) \\
\frac{\mathrm{d}\rho^{s}(k,t)}{\mathrm{d}t} = \frac{\lambda k^{\beta\theta+1}}{[k_{max} < k >]^{1-\theta}[< k^{1+\beta} >]^{\theta}}\rho^{i}(k,t)\sum_{l}P(l)l^{2(1-\theta)+\alpha}\rho^{s}(l,t)) - \\
\rho^{s}(k,t) \\
\frac{\mathrm{d}\rho^{r}(k,t)}{\mathrm{d}t} = \rho^{s}(k,t)
\end{cases}
\tag{3-11}
$$

求解$\rho^{i}(k, t)$，得：

$$\rho^{i}(k,t) = \rho^{i}(k,0)e^{-\frac{\lambda k^{\beta\theta+1}}{[k_{max} < k >]^{1-\theta}[< k^{1+\beta} >]^{\theta}}\varphi(t)} \tag{3-12}$$

其中，$\rho^{i}(k, 0)$为初始值，辅助函数

$$\varphi(t) = \sum_{k}P(k)k^{2(1-\theta)+\alpha}\int_{0}^{t}\rho^{s}(k,t')dt' \equiv \int_{0}^{t} < k^{2(1-\theta)+\alpha}\rho^{s}(k,t') > dt' \tag{3-13}$$

在式（3－11）中的$\frac{\mathrm{d}\rho^{s}(k, t)}{\mathrm{d}t}$的方程两边乘以$p(k)k^{2(1-\theta)+\alpha}$，并以$k$求和，最后对于方程两边在［0，$t$］区间上进行积分可得：

$$\frac{\mathrm{d}\varphi}{\mathrm{d}t} = \sum_{k}P(k)k^{2(1-\theta)+\alpha}\left[1 - e^{-\frac{\lambda k^{\beta\theta+1}}{[k_{max} < k >]^{1-\theta}[< k^{1+\beta} >]^{\theta}}\varphi(t)}\right] - \varphi(t) \tag{3-14}$$

时间$t\to\infty$时，不实信息的传播最终状态是$\rho^{s}(k, \infty) = 0$，$\lim_{t\to\infty}\varphi(t) = \varphi_{\infty}$，$\frac{\mathrm{d}\varphi}{\mathrm{d}t} = 0$。

则式（3－14）可以写为：

$$0 = \sum_{k}P(k)k^{2(1-\theta)+\alpha}\left[1 - e^{-\frac{\lambda k^{\beta\theta+1}}{[k_{max} < k >]^{1-\theta}[< k^{1+\beta} >]^{\theta}}\varphi(\infty)}\right] - \varphi(\infty) \tag{3-15}$$

对式（3 - 15）展开可得：

$$\varphi(\infty) = \sum_k P(k) \frac{\lambda k^{2(1-\theta)+\alpha+\beta\theta+1}}{[k_{max}<k>]^{(1-\theta)}[<k^{1+\beta}>]^{\theta}}$$

$$\left[\varphi(\infty) - \frac{\frac{1}{2}\lambda k^{\beta\theta+1}}{[k_{max}<k>]^{(1-\theta)}[<k^{1+\beta}>]^{\theta}}\varphi(\infty)^2 + O(\varphi(\infty)^3)\right] \tag{3-16}$$

$\varphi(\infty)=0$ 可以有式（3 - 16）直接求解，非平凡解：

$$\varphi(\infty) = \frac{\lambda <k^{2(1-\theta)+\alpha+\beta\theta+1}>[k_{max}<k>]^{(1-\theta)}[<k^{1+\beta}>]^{\theta} - [k_{max}<k>]^{2(1-\theta)}[<k^{1+\beta}>]^{2\theta}}{\frac{1}{2}\lambda^2 <k^{2(1-\theta)+\alpha+2(\beta\theta+1)}>} \tag{3-17}$$

保证 $\varphi(\infty)>0$，则我们得到：

$$\lambda > \frac{[k_{max}<k>]^{(1-\theta)}[<k^{1+\beta}>]^{\theta}}{<k^{2(1-\theta)+\alpha+\beta\theta+1}>} \tag{3-18}$$

令不实信息传播的阈值

$$\lambda_c = \frac{[k_{max}<k>]^{(1-\theta)}[<k^{1+\beta}>]^{\theta}}{<k^{2(1-\theta)+\alpha+\beta\theta+1}>} \tag{3-19}$$

式（3 - 19）意味着传播率 $\lambda<\lambda_c$ 时，不实信息的传播将会逐渐灭亡，不实信息不会大规模扩散；反之，若 $\lambda>\lambda_c$，不实信息将会大规模扩散，并且在网络中持续存在。

如果要控制不实信息的传播与扩散，将不实信息在不同节点之间的传播概率降低，要特别注意重点疏导重点意见领袖的信息，并控制单位时间内传播节点所能接触的未感染个体总数。

特别当 $\theta=1$ 时，式（3 - 19）可以变为 $\lambda_c=\frac{<k^{1+\beta}>}{<k^{1+\beta+\alpha}>}$，与文献［120］中的结果一致；当 $\theta=1.\ \beta=0.\ \alpha=1$ 时，式（3 - 19）可

以变为 $\lambda_c = \frac{<k>}{<k^2>}$，与文献［121］中的结果一致。

对于不实信息传播的最终规模：

$$R = \sum_k P(k)(1 - \rho^i(k,\infty)) = \sum_k P(k)(1 - e^{-\frac{\lambda k^{\beta\theta+1}}{[k_{max}<k>]^{1-\theta}[<k^{1+\beta}>]^{\theta}}\varphi(\infty)}) \tag{3-20}$$

式（3-20）中 R 的真实值还需依赖 $P(k)$，指数展开：

$$R \simeq \sum_k P(k)\lambda k\varphi(\infty) = \frac{\lambda - \lambda_c}{H} \tag{3-21}$$

其中 $H = \frac{\lambda^2 <k^{2(1-\theta)+\alpha+2(\beta\theta+1)}>}{2<k^{2(1-\theta)+\alpha+\beta\theta+1}>[k_{max}<k>]^{(1-\theta)}[<k^{1+\beta}>]^{\theta}}$.

第四节　算例仿真与模拟

为了进一步对理论进行验证，本书选取无标度社会网络作为仿真平台模板，网络规模为 N，条件概率 $P(l|k) = \frac{lP(l)}{<k>}$，度分布函数 $P(k) = mk^{-\gamma}$，$2 < -\gamma \leqslant 3$，参数 m 是常数。选取参数 $\lambda = 0.3$，$\theta = 0.3$，$\beta = 0.5$，$\delta = 0.5$，$\alpha = 0.5$ 利用 Pythson 对模型进行算例模拟与数学仿真。参数 $\lambda_{kl} = \lambda k\left(\frac{\omega_{kl}}{s_k}\right)^{\theta} * \left(\frac{k}{k_{max}}\right)^{(1-\theta)}$ 属于复合变量，是度为 k 未感染节点被度为 l 感染节点感染的概率，参数 λ 是传播的基准概率。

首先，分析不同人群基于时间的演化而发生变化的情况。图 3-1 描述了在网络中未感染节点、传播节点、免疫节点的密度演化过程，初始值$\rho^i(0)=\frac{N-1}{N}\approx 1$，$\rho^s(0)=\frac{1}{N}\approx 0$，$\rho^r(0)=0$。从图3－1可以看出，网络中的未感染节点随着时间的变化从1逐渐下降到一个稳定值甚至是0，也就是说，最终网络中可能所有的人都会知道不实信息，系统中可能只有一种类型的个体存在，即是免疫节点。

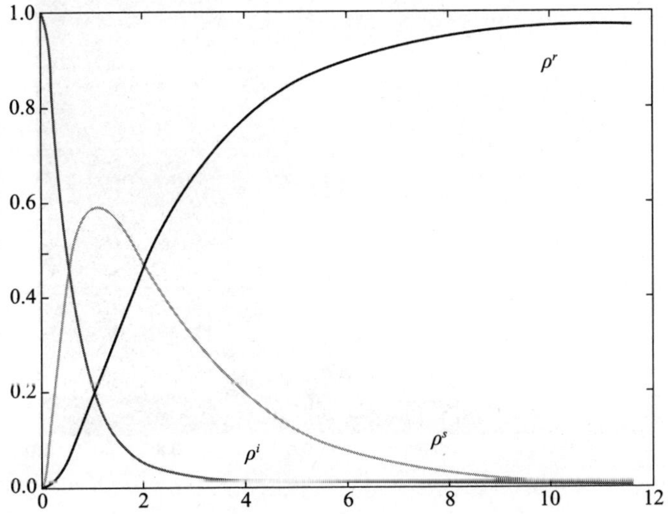

图3－1　三类不同类型的人群密度演化图

传播节点从信息的传播初期会上升到一个峰值，然后开始下降，一直降到一个稳定值甚至是0，这也符合现实中个体对信息的获知与传播的过程，特别是在应急事件中，刚开始的时候个体对信息总体掌握不多，个体会相信不实信息并进行传播。但是，随着各类有针对性的应急救援行动等相关措施的推定，整个信息环境越来越透明，不实信息则逐渐失去了主战场，传播个体对不实信息的传播兴趣也会逐渐衰退，这些自然会导致不实信息传播节点的总体比例逐渐下降。

图3－2描述的是不实信息最终的传播规模R与参数λ，θ之间

的变化热力图。

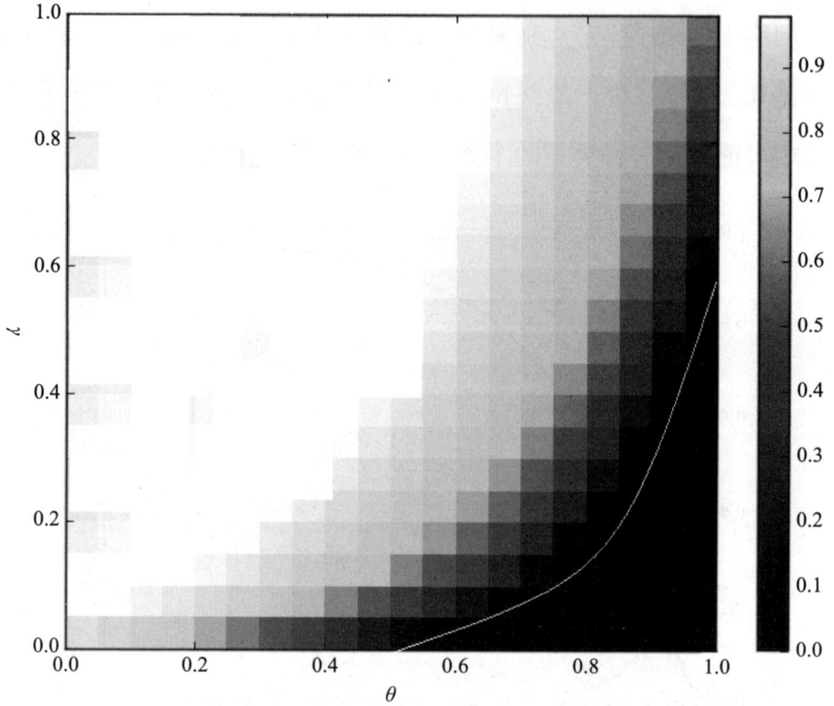

图 3－2　不实信息最终的传播规模 R 与参数 λ，θ

图中的实线表示在参数 $\beta=0.5$，$\delta=0.5$，$\alpha=0.5$ 固定时，

$$\lambda_c=\frac{[k_{max}<k>]^{(1-\theta)}[<k^{1.5}>]^{\theta}}{<k^{2.5\theta+3.5}>}$$是不实信息传播的阈值。

在图 3－2 中，当参数 $\theta\to1$，$\lambda\to0$ 时，最终的不实信息的传播规模 $R\to0$，这一点在现实中也很好理解，其他参数 $\lambda\to0$ 表示在不实信息传播过程中，节点之间传播不实信息的概率为 0，节点之间没有信息的交互，更谈不上不实信息的传播规模。

考虑到不实信息的传播阈值 λ_c 以及传播的最终规模 R 真实值与复杂网络的度分布函数 $P(l)$ 有着密切的关系，取 $P(l)=mk^{-\gamma}$，我们可以得到：

$$< k^{1+\beta} > = m[\ < k_{{max}^{\beta+2-\gamma}} > - < k_{{min}^{\beta+2-\gamma}} >]/[\beta + 2 - \gamma]$$

以及

$$< k^{2(1-\theta)+\alpha+\beta\theta+1} > = m[\ < k_{max}^{2(1-\theta)+\alpha+\beta\theta+2-\gamma} > - < k_{min}^{2(1-\theta)+\alpha+\beta\theta+2-\gamma} >]/$$

$$[2(1-\theta) + \alpha + \beta\theta + 2 - \gamma],$$

其中，k_{max}、k_{min}分布表示网络中度的最大与最小值，代入式(3－19)可得：

$$\lambda_c = \frac{[2(1-\theta)+\alpha+\beta\theta+2-\gamma]}{[\beta+2-\gamma]^{\theta}[1-\gamma]^{1-\theta}} \frac{k_{{max}^{1-\theta}}[\ < k_{{max}^{1-\gamma}} > - < k_{{min}^{1-\gamma}} >]^{1-\theta}[\ < k_{{max}^{\beta+2-\gamma}} > - < k_{{min}^{\beta+2-\gamma}} >]^{\theta}}{[\ < k_{max}^{2(1-\theta)+\alpha+\beta\theta+2-\gamma} > - < k_{min}^{2(1-\theta)+\alpha+\beta\theta+2-\gamma} >]} \tag{3－22}$$

从式（3－22）可以得出：当 $\gamma < 2(1-\theta) + \alpha + \beta\theta + 2$ 时，$\lambda_c \to 0$，否则，不实信息的传播阈值趋于无穷大。

图3－3与图3－4描述的实际上是参数 β 和 α 与不实信息传播的阈值以及不实信息最终的传播规模。

从图3－3可以看到，参数 $\beta = 0.3$，0.4，0.5，0.7，1，但当不实信息的传播阈值 $\lambda > \lambda_c$ 时，不实信息最终会在网络中持续存在，上升到稳定的值，β 越大，不实信息的最终传播规模 R 上升的趋势越来越缓慢；β 越小，不实信息的最终传播规模 R 的最终值越大。

从图3－4可以看到，参数 $\alpha = 0.3$、0.4、0.5、0.7、0.9，但当不实信息的传播阈值 $\lambda > \lambda_c$ 时，不实信息会最终在网络中持续存在，上升到稳定的值。

α 越大，不实信息的最终传播规模 R 的上升趋势越来越缓慢。

α 越小，不实信息的最终传播规模 R 的最终值越大。

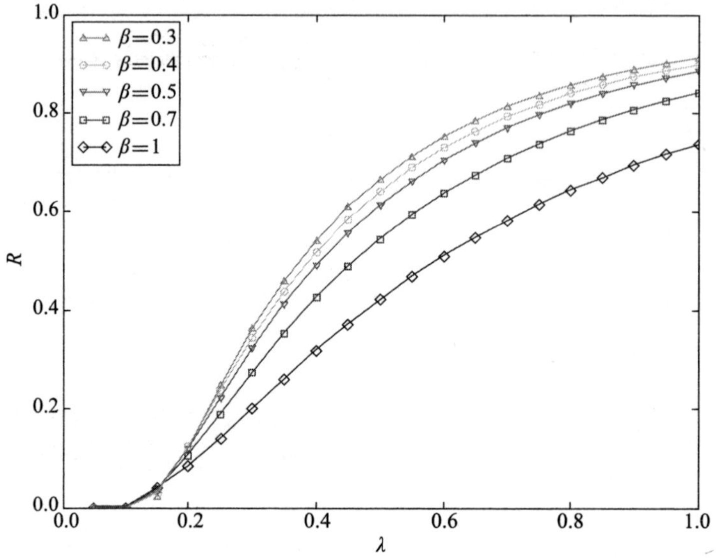

图 3-3　不实信息最终的传播规模 R 与参数 λ 及不同的 β

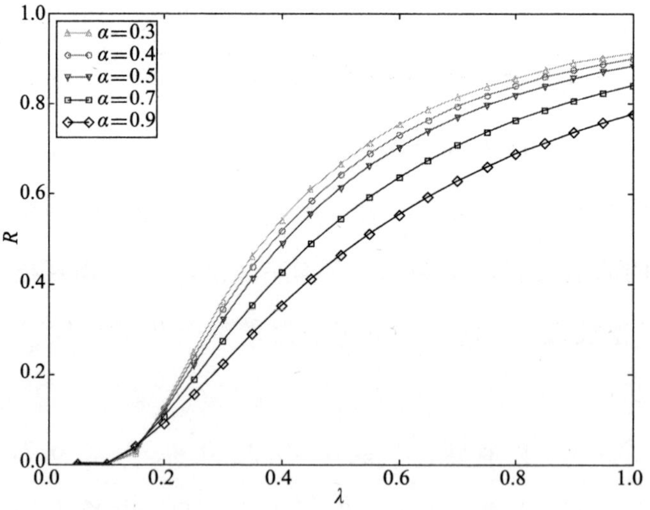

图 3-4　不实信息最终的传播规模 R 与参数 λ 及不同的 α

从图 3-5 可以看到，参数 $\theta = 0.6$、0.7、0.8、0.9、1，但不实信息的传播阈值 $\lambda > \lambda_c$ 时，不实信息最终会在网络中持续存在，上升到稳定的值。θ 越大，不实信息的最终传播规模 R 的上升趋势越来越缓慢；θ 越小，不实信息的最终传播规模 R 最终的值越大。

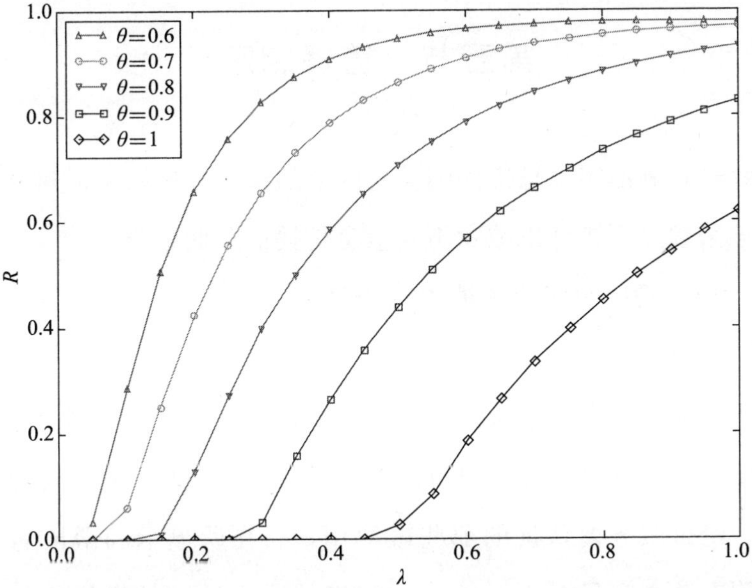

图 3-5　不实信息最终的传播规模 R 与参数 λ 及不同的 θ

与图 3-3 与图 3-4 不同的是，参数对于不实信息的传播阈值 λ_c 更加明显，这表明在不实信息的传播过程中，传播节点的重要性的程度扮演重要角色，参数 θ 越大，不实信息的传播阈值 λ_c 越大；当 $\theta=1$ 时，λ_c 的值最大。

以上结果也从另外一个侧面说明不实信息的控制难度更大，在新型传播媒介成为传播的主要平台以后，网络的舆论领袖以及大 V 等重要节点在不实信息的传播过程中扮演的角色比传统媒体信息传播过程中扮演的作用更加突出。要对不实信息进行控制，首先需要关注的就是这些掌握着大众舆论走向的舆论领袖，并对他们的信息传播进行正确疏导，是应急事件中不实信息控制与疏导的重点。

第五节　管理启示

针对影响不实信息传播的重要因素的模型分析结果，建议管理者应该采取如下措施来减少不实信息传播的负面影响。

（1）鼓励民间舆论领袖主动推送真实信息，将影响力转化为积极的正能量。

随着微博作为一种新的信息传播方式的快速发展，国内领先的一些微博平台比如新浪、腾讯、网易等都会提供针对个人的认证服务，经过服务商认证的那些微博用户，在所显示的微博名称后都会附有英文字母 V 的标志。通过微博个人认证的往往都是具有广泛影响力的社会公众人物，比如文艺明星、体育明星、企业家、社会知名人士等，由于他们自身广泛的影响力，往往拥有数量庞大的关注群体（俗称“粉丝”），这些在微博传播中被广泛关注的微博账号及其拥有者，被称为“网络大 V”。后来，随着微信公众号等各种自媒体的广泛发展，这一名称的应用范围也被扩展至各种自媒体传播渠道，成为那些在网络上具备广泛影响力和广大关注群体的帐号或人士的通称。

从本书所建立的模型以及进行的仿真分析来看，核心节点对于个体接受不实信息的概率有着极其重要的影响。以社交网络中的不实信息传播为例，对所谓的“网络大 V”（动辄拥有几十万甚至上百万的粉丝数）来说，粉丝群体的特定构成决定了他们与粉丝具有一定的密切程度，在信息推广上常常针对特定的公众群体进行信息自动推动和置顶（节点在单位时间传播信息的能力很强），鼓励或诱发提高信息的点击率和转发率（影响到模型中不同人群的转化速率），因此，他们在网络不实信息传播过程中扮演非常重要的角色。

首先，管理者应该果断出手，加强对网络大 V 等民间网络舆论领袖等重要节点的教育，切实加强网络信息传播的法制化工作，使这些重要的信息发布者充分意识到发布和传播不实信息的潜在危害和法律后果。最近几年，随着网络新媒体和网络经济的快速发展，很多网络大 V 并不能做到洁身自好，有的甚至自发传递负面的社会信息，影响了安定团结和社会和谐；而部分通过网络炒作迅速成名的所谓新兴网络大 V，或者通过炒作增加关注度来谋取个人私利，或者为了商业目的故意炒作或者擅自传播不实信息，产生了许多负面的社会影响。

比如，冒充红十字会工作人员而自我炒作的郭某某，在网络上掀起了针对红十字会的超量负面评价持续数年。以造谣传谣而“闻名”网络的名人“秦火火”，就是典型地利用网络编造谣言，在对知名人士的所谓评论或社会热点问题的攻击中捕风捉影、无中生有，甚至蓄意制造谣言，恶意中伤他人，从而达到迅速提高自己的网络关注度和网络知名度。这种利用时事热点颠覆名人，为提高知名度不择手段的做法，远远超越了社会所允许的道德底线，他们经常利用社会热点激发民众情绪，把自己假扮成追求社会公平正义的审判者，其最终目的就是进一步构建“网络炒作产业链”，在网络中骗取更多的个人经济利益。

其次，要正确引导舆论领袖以及网络大V对不实信息的理解，让他们重视自己的网络影响力，积极传播正能量，使突发事件中的真实信息能够得到广泛传播与扩散，能够有效地预防和减少不实信息传播所带来的衍生影响。做好对民间舆论领袖的积极引导，做好这些舆论领袖的转化工作，明确他们的社会责任，鼓励民间舆论领袖反映真实的信息，传达正确的权威声音，服务于社交网络的信息净化工作，能够有效地达到“以网民引导网民”的良好效果。

比如，在建设“平安重庆”活动中脱颖而出的朱强，年仅33岁，是重庆某家新媒体的创始人，也是拥过超过600万粉丝的网络大V。因为他在工作中和重庆当地警察有过很多接触，特别是对警察快速处理网络上各种五花八门的求助信息印象深刻，因此，他充分利用自己的网络力量，成为协助警察向社会传递声音和解决问题的重要的民间通道之一。一方面，他利用自己的网络帐号积极传递正能量，弘扬主旋律，小到寻找失物、交通咨询，大到寻人启事、民间救援等；另一方面，在面对突发状况时，积极帮助当地警方针对虚假信息和重要事件进行辟谣，特别是在谣言引起网友恐慌和社会影响的时候，他总是会尽己所能地发布辟谣信息，比如，2016年的几则关于“教你识别注水西瓜”“藤菜是最有毒的蔬菜”的网络言论，在短时间内快速传播，直接导致许多果农和菜农损失惨重，也引起了网友恐慌。由于网络和各种新媒体的不断发展，网络谣言的传播成本非常低，各种谣言也越来越多，常常让很多无知的网友受到影响，进而造成一定范围的不良影响，甚至是直接的经济损失。在关注到这些信息后，朱强通过自己的实际查证或者实地调查，传递出正确的信息，主动承担起澄清谣言的责任，有力地避免了不良信息的进一步散播和社会损失的继续扩大，成为真正来自民间却声名远播的网络舆情监控排头兵，得到了网络公安部门的充分肯定，也得到了社会公众的真正欢迎。

（2）积极培育网络新闻发言人与评论员的队伍，善用新媒体建立新型沟通平台。

如果能够对网络大V引导得当，能够帮助管理者有效地征集网络民意，帮助管理者更加科学合理地治理社会，聚同化异，扶正抑偏，促进社会和谐。而社会管理者也应该有效地把握好尺度，最好公开透明地展现自己，做到“打开天窗说亮话”，凝聚社会共识，推动社会信息公开透明，并主动培训网络新闻发言人与评论员，使他们成为网络信息传播中既具备重要影响力，又具备广泛关注度和网络亲和力的重要网络节点，从而收获推动发展的真实合力。

首先，管理者应该足够重视信息社会网络传播中关键节点的重要引领作用，积极培育良好的网络新闻发言人以及评论员队伍。过去几年里，政府层面的网络评论员队伍建设一直处于初期的阶段，与网络水军相比，影响力明显不足，对网络不实信息的传播影响有限，使得真实信息的传播不能有效地占领舆论高地。网络信息发言人和网络不实信息评论员需要经常登录舆情检测与不实信息的传播网站，变被动为主动，并通过培训尽快提高自己的专业水平和引导能力，在一些重大的突发事件中积极发挥作用，从而能够正确疏导民间舆论场中的民间情绪，并通过全程不间断地对网络中虚假的、未经证实的不实信息进行管控，引导突发事件的不实信息向正确的方向发展。

其次，建立基于新媒体的新型沟通平台，有效地提升这些沟通平台在普通受众中的体验和信任度。近年来，一些地方机构的管理者甚至亲自上阵，成为微博上具有广泛影响力的网络大V。一些社会管理机构和职能部门都非常重视微博和微信公众号的建设，经常在这些平台主动发布权威信息，在应对社会不实信息的发布和扩散中，其严谨准确及时的内容更新以及清新亲民的文字风格，在网络和手机用户中迅速建立了良好的信誉和知名度。以共青团中央微博评论员为代表的一批党政管理部门的评论员队伍，在近些年的网络舆情风暴中主动出击，适时占领热点讨论的舆论高地，有力地反击了一些误导受众的网络谣言。很多地方政府和职能部门积极推动政务微信，建立定期发布机制，成为政务微博的有益补充，不仅有效地改善了管理部门的形象，而且用生动活泼、简单易懂的图文形式和拟人化的沟通方式拉近了政民距离，同时由于具备了良好的便民功能，信息发布互动性强，成为受众在寻找和确认真实信息来源的重要参考，特别是在突发性的事件中，有效地避免了负面舆论的传播。比较而言，微博具备良好的主动拓展性，微信则受到用户对所推送内容的自主判断。借助强大的后台管理，当权威的正确信息主导了舆论导向之后，微信就不容易被类似微博那样强大的负面评论所淹没，所推出的微图文、微电影、微视频等能够有效地转播，并能够有效地避免负面不实信息的传播影响。

最后，面对新媒体日新月异的发展，管理者要重视沟通平台的建设，要内外兼修。利用好新型的社交新媒体，对于管理者既是挑战，也是良好的机遇。一方面不仅要努力完善后台支持从而提高信息发布和服务的能力，增强这些沟通平台所代表的节点和普通受众所代表的节点之间的密切联系程度；另一方面，更要重视前端信息的主动发布，提升沟通平台所代表的节点自身的重要性和影响力，使得这些沟通平台成为应急管理、警情舆情发布、舆情应对和组织动员的高效而可靠的信息发布和信息澄清的源头，同时，要给予受众信息的真实性，及时获取信息，真实地反馈信息，把数据引入信息传播的分析和判断中，能够有效地把握信息的传播走势。

总之，新媒体还处于高速发展的阶段，管理者应该进一步培育具备高度社会关注度和良好信誉，快速高效的网络信息发布平台，继续深入系统地发挥和推进新闻发言人和评论员的角色，切实提高以沟通平台为代表的节点在信息传播网络中的影响力，并通过灵活有效的形式，提高沟通平台所代表的节点和普通受众为代表的节点之间的信任度，建立有效的紧密联系，在应对突发事件和网络信息传播问题时，就能准确判断、果断出手、主动出击。

第六节　本章小结

本章利用平均场理论构建不实信息传播的平均场方程，通过分析得出不实信息传播的阈值和不实信息最终的影响规模。模拟仿真验证不同参数的变化对不实信息传播阈值和最终规模的影响，从而验证已有结论的正确性，研究发现，传播节点的重要性程度对不实信息传播的阈值影响最大，在不实信息的传播与疏导过程中，网络大V等意见领袖节点需要重点关注，对传播网络中的真实信息发言人和评论员队伍的建设要持续加强。相关结论为管理者进行不实信息应急传播与疏导的管理提供决策的理论指导依据。

第四章

基于SI模型的不实信息传播最优控制模型

经典的SI传染病模型有助于分析不实信息的传播机理和控制方法。鉴于不实信息的传播、澄清、隔离和控制过程与传染病传播及注射疫苗、治疗和隔离等控制过程相似，利用经典的易感染者和已感染者（SI）传染病模型，优化后转换为突发事件发生后不实信息传播控制的模型。然后，综合运用控制论的相关知识，在现实操作中找出不实信息在不同人群间的接触转化率等影响传播的关键因素，对其实行有效的控制。结果表明，应急管理决策者可以根据实际情况，建立动态决策模型，对人群的接触转化率等指标进行适时调整，从而对不实信息的传播进行有效控制。

第一节 引 言

在信息社会的大背景下，以昆明暴恐案和天津危险品仓库爆炸案[122][123]等为例的突发事件，各类自然灾害和人为事故频发，造成的经济损失和社会影响巨大。今年来，我国在应急管理制度建设和理论研究方面都取得了重大进展[124][125]，但是存在的问题也比较突出。虽然在各级政府自上而下的主导下已经形成了基本的应急管理模式，但是管理者针对突发事件发生后信息传播的问题研究却鲜有涉猎，特别针对未经证实的不实信息的传播以及它可能包含真实信息和虚假信息的交互作用。未经证实的信息如果借助网络和新媒体平台进行大肆传播扩散，其后果将异常严重。因此，研究不实信息传播的机理和逻辑，进行有效的关键因素控制，对应急管理决策具有重要的现实作用。

和控制传染病传播的过程中所采取的疫苗注射、治疗以及隔离等措施相比，不实信息传播的控制过程非常类似。不实信息传播的控制过程通常是通过权威部分发布真实信息、进一步澄清虚假信息以及甚至采取隔离通信等措施，来逐步改变民众对不实信息的态度，让尽可能多的人对不实信息采取不相信、不接收、不传播的态度。

Kermark 等[3][4]在对疾病进行分类分析的基础上建立了标准传染病模型（总人口分为易感染者、已感染者和治愈者，即 Susceptible，Infective and Removed，简称“SIR 模型”）是最早的关于疾病传播机理的数学分析和定量研究。如果只是将总人口简单地区分为易感染者和已感染者，则是 SI 模型；若模型中病人治愈后还有可能再次染病，则为 SIS 模型（易感染者、已感染者和易感染者）；若模型中病人治愈后具有一定的免疫力，但是仍可能染病，则为 SIRS 模型[7]（易感染者、已感染者、治愈者和易感染者）。此外，还有模型中考虑潜伏期（latent）的 SEIRS 模型（易感染者、感染而未发病者、已感染者、治愈者和易感染者）以及模型中考虑连续接种的双线性接触率模型[9]等。

Daley 等最先提出了经典的谣言传播模型。在 Daley – Kendall 的模型中，人群被划分为无知者（不知道谣言的人，Ignorant）、传播者（传播谣言的人，Spreader）和缄默者（知道谣言但不传播谣言，Stiffer）等三类。当无知者和传播者进行接触后，就转变为传播者；而传播者之间的接触则会使两者变为缄默者；当传播者与缄默者进行接触后，则会使传播者变为缄默者。关于谣言传播的其他研究[126-127]，大多是在此分类和模型的基础上构建了系统动力学方程，并讨论系统内生稳定状态问题。也有研究考虑了信息传播过程的影响因素问题，比如信息畸变、个体性等[128]。

本书在SI传染病的经典模型的基础上，针对信息时代网络及新媒体传播的背景下不实信息传播的特征，探讨了不实信息的传播机理，并运用控制论的相关知识，构建了相关的动态决策模型，提出了对应的管理启示，希望能够帮助管理者优化对不实信息的有效控制。

第二节 基于SI模型的不实信息传播控制模型

实际上，所有不实信息的传播也可以在一定程度上理解为一种“病毒”在人际间的传播，都是由于“接触”造成了个体属性之间的改变，相关参数意义见表4-1。

表4-1 相关参数对照表

$S(t)$	t 时刻不知道不实信息者的人数
$I(t)$	t 时刻知道不实信息者的人数
$I_b(t)$	t 时刻相信不实信息者的人数
$I_s(t)$	t 时刻对不实信息将信将疑者的人数
$I_u(t)$	t 时刻不相信不实信息者的人数
λ_b	$S(t)$ 向 $I_b(t)$ 转化的概率

续表

$S(t)$	t 时刻不知道不实信息者的人数
λ_s	$S(t)$ 向 $I_s(t)$ 转化的概率
λ_u	$S(t)$ 向 $I_u(t)$ 转化的概率
μ_b	$I_s(t)$ 向 $I_b(t)$ 转化的概率
μ_u	$I_s(t)$ 向 $I_u(t)$ 转化的概率
b	人群在单位时间内流入系统的速度
δ	单位时间内流出系统的流失率

本书借助经典的 SI 疾病传播模型，将其转化为不实信息的传播模型，总人口被分为 $S(t)$（不知不实信息者）及 $I(t)$（知道不实信息者）两大类；同时，又根据人群对不实信息的态度将 $I(t)$ 分为：I_b（相信不实信息者）、I_s（对不实信息将信将疑者）、I_u（不相信不实信息者）。假设所研究的个体都处于一个相对封闭的系统。对不实信息将信将疑者 I_s 接收到外界信息的刺激后，有可能会改变态度，变成 I_b 或者 I_u。而不知不实信息者 S 与三类知道不实信息者 I 接触，则并以概率 λ_b，λ_s 以及 λ_u 向 I_b，I_s 以及 I_u 转换。而 I_s 则分别以比例 μ_b 及 μ_u 向 I_b 及 I_u 等 2 类人群进行转换，如图4－1。

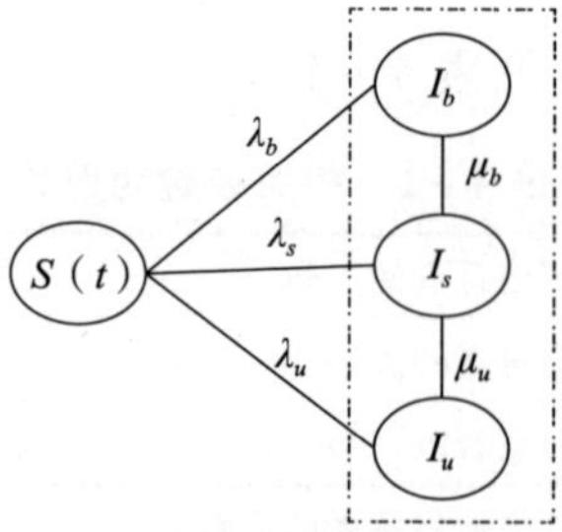

图 4－1　不实信息传播的 SI 模型

构建不实信息在不同人群转化的动力学模型：

$$\begin{cases}\dfrac{ds}{dt}=b-\lambda_b s(t)i_b(t)-\lambda_s s(t)i_s(t)-\lambda_u s(t)i_u(t)-\delta s(t)\\ \dfrac{di_b}{dt}=\lambda_b s(t)i_b(t)+\mu_b i_s(t)-\delta i_b(t)\\ \dfrac{di_s}{dt}=\lambda_s s(t)i_s(t)-\mu_b i_s(t)-\mu_u i_s(t)-\delta i_s(t)\\ \dfrac{di_u}{dt}=\lambda_u s(t)i_u(t)+\mu_u i_s(t)-\delta i_s(t)\end{cases}\tag{4-1}$$

式中：b 指的是人口（单位时间内新增人口的数量）流入这个假设的封闭系统的速率；并且人口以 δ 的速率（单位时间内人群流失率）流出系统；假设信息传播在一个大的系统中传播，系统中的人数是不变的，不实信息主要在一定的范围内传播；

λ_b 为 S 与 I_b 接触，S 转化为 I_b 的概率；λ_s 为 S 与 I_s 接触，γI 转化为 βSI 的概率；λ_u 为 S 与 I_u 接触，S 转化为 I_u 的概率；

μ_b 为 I_s 接收外界信息后转化为 I_b 的概率；μ_u 为 I_s 接收到外界信息转化为 I_u 的概率。

由于$\dfrac{dN}{dt}=b-\delta N$，当 $t\to\infty$ 时，则 $N\to\dfrac{b}{\delta}$，为简化求解，考虑式（4-1）的简化形式如下（其中，$s(t)=b/\delta-i_b(t)-i_s(t)-i_u(t)$）：

$$\begin{cases}\dfrac{di_b}{dt}=\lambda_b s(t)i_b(t)+\mu_b i_s(t)-\delta i_b(t)\\ \dfrac{di_s}{dt}=\lambda_s s(t)i_s(t)-\mu_b i_s(t)-\mu_u i_s(t)-\delta i_s(t)\\ \dfrac{di_u}{dt}=\lambda_u s(t)i_u(t)+\mu_u i_s(t)-\delta i_s(t)\end{cases}\tag{4-2}$$

令微分方程（4-2）的右边值分别等于0，继续进行求解，并找到该模型的平衡点，计算发现，这个模型最多可以存在以下的四个平衡点：

A 点：$i_b(\infty)=0$，$i_s(\infty)=0$，$i_u(\infty)=0$

B 点：$i_b(\infty)=0$，$i_s(\infty)=0$，$i_u(\infty)=b/\delta-\delta/\lambda_u$

C 点：$i_b(\infty)=b/\delta-\delta/\lambda_b$，$i_s(\infty)=0$，$i_u(\infty)=0$；

D 点：$i_b(\infty)=-\mu_b\varphi[\delta(-\lambda_s+\lambda_u)+\lambda_u(\mu_b+\mu_u)]/\theta$

$i_s(\infty)=\varphi[\delta(\lambda_u-\lambda_b)-\lambda_b(\mu_b+\mu_u)][\delta[\delta(\lambda_s-\lambda_u)-\lambda_u(\mu_b+\mu_u)]]/\lambda_s\theta$

$i_u(\infty)=-\mu_u\varphi[\delta(-\lambda_s+\lambda_b)+\lambda_b(\mu_b+\mu_u)]/\theta$

其中，$\varphi=\delta^2-b\lambda_s+\delta(\mu_b+\mu_u)$，$\theta=\delta(\delta+\mu_b+\mu_u)\{\delta(\lambda_b-\lambda_u)(\lambda_s-\lambda_u)+\lambda_s\lambda_u\mu_b-\lambda_b[\lambda_u(\mu_b+\mu_u)-\lambda_s\mu_u]\}$

依次对 A、B、C、D 等四点的稳定性进行检验，A、B、C 等三点在一定的 λ，μ_u，μ_b 取值范围内均稳定。其中，当 $\lambda_b<\delta^2/b$，$\lambda_s<\delta^2/b$，$\lambda_u<(\mu_1+\mu_2+\delta)\delta/b$ 时，A 点是稳定点，系统内的所有人不再关注不实信息，人群逐步移出系统，最后，系统内的各类人群数量均为 0；在不实信息传播的控制中，为达到 A 点的稳定状态，需要降低 S 与三种 I 类人群的接触转化率，其中最有效的措施是隔离，即把三种知道不实信息的 I 类人群进行隔离，比如网络隔离，通信隔离或交通隔离等措施等，禁止 I 与 S 类人群的接触。如果 I 无法向 S 类人群进行不实信息的传播，那么，不实信息就会趋于被遗忘。

当 $\lambda_b<\lambda_u$，$\lambda_u>\delta^2/b$，且 $\lambda_s<(\mu_b+\mu_u+\delta)\lambda_b/\delta$ 时，B 点为稳定，则该信息传播系统中 I 全部为不相信不实信息者 I_u；这种情况意味着，为有效控制不实信息的传播，需要通过信息隔离措施来

降低 S 与 I_b 的接触可能性以及 S 与 I_s 的接触可能性，减小 λ_b 与 λ_s。同时，通过适度加大权威信息的宣传力度来提高 S 与 I_u 的接触转化率，并增大 λ_u。

当 $\lambda_u<\lambda_b$，$\lambda_b>\delta^2/b$，且 $\lambda_s<(\mu_b+\mu_u+\delta)\lambda_b/\delta$ 时，C 点达到稳定，即该信息传播系统中 I 全部为相信不实信息者 I_b；出现不实信息传播系统中所有知道不实信息的人均相信不实信息，这种情况意味着 S 与 I_b 的接触转化率较高，并且大于 S 与 I_u 的接触转化率。

因此，在不实信息传播的过程中，如果不实信息传播的主体管理者不作为或控制力度不够，则很有可能造成相信不实信息的人在传播系统中占据统治地位。而如果随意放任这种情况的长期存在，将会给社会和谐和政治安定造成极大威胁，不仅可能严重影响到普通民众的正常生活，甚至可能直接威胁到国家的政局稳定。

对于 D 点，则采用赫尔维茨判据，对其稳定性进行检验。

由于 $i_b(\infty)\neq 0$；$i_s(\infty)\neq 0$，且 $i_u(\infty)\neq 0$；对雅克比行列式 J 进行化简，则有：

$$H=\begin{pmatrix} -\lambda_b i_b^* - \mu_b \dfrac{i_s^*}{i_b} & -i_b^*\lambda_b+\mu_b & -i_b^*\lambda_b \\ -i_s^*\lambda_s & -i_s^*\lambda_s & -i_s^*\lambda_s \\ -i_u^*\lambda_u & -i_u^*\lambda_u+\mu_s & -i_u^*\lambda_u-\mu_u\dfrac{i_s^*}{i_u^*} \end{pmatrix} \quad (4-3)$$

雅克比行列式（4－3）的特征方程为：

$$\lambda^3+c_1\lambda^2+c_2\lambda+c_3=0 \quad (4-4)$$

其中：

$$c_1 = i_b^* \lambda_b + i_u^* \lambda_u + i_s^* \mu_b / i_b^* + i_s^* (\lambda_s + \mu_s / i_u^*)$$

$$c_2 = \{ i_s^* [i_b^{*2} \lambda_b + i_b^* (i_s^* + i_u^*) \lambda_s + i_s^* \mu_b] \mu_s + i_s^* i_u^* [(i_b^* + i_s^*) \lambda_s + i_u^* \lambda_u] \mu_b \} / i_b^* i_u^*$$

$$c_3 = i_b^{*2} (i_b^* + i_s^* + i_u^*) \lambda_s \mu_b \mu_u / i_b^* i_u^* .$$

$$c_1 c_2 - c_3 = (1/ i_b^{*2} i_u^{*2}) \{ i_s^* (i_b^{*4} i_u^* \lambda_b^2 \mu_u + i_s^* i_u^* \mu_b^2 [i_u^{*2} \lambda_u + i_s^* (i_u^* \lambda_s + \mu_u)] +$$

$$i_b^* \mu_b [i_u^{*4} \lambda_u^2 + i_s^{*2} (i_u^* \lambda_u + \mu_u)^2 + i_s^* i_u^{*2} (2 i_u^* \lambda_s \lambda_u + \lambda_s \mu_b + 2 \lambda_u \mu_u)] +$$

$$i_b^{*3} \lambda_b \{ 2 i_s^* i_u^* \lambda_s \mu_u + i_s^* \mu_u^2 + i_u^{*2} [\lambda_u \mu_u + \lambda_s \mu_s^2 +$$

$$i_u^{*2} (\lambda_u \mu_u + \lambda_s (\mu_b + \mu_u))] \} + i_b^{*2} \{ i_s^{*2} \lambda_s \mu_u (i_u^* \lambda_s + \mu_u) +$$

$$i_u^3 \lambda_u [\lambda_b \mu_b + \lambda_s (\mu_b + \mu_u)] + i_s^* i_u^* (\mu_u (2 \lambda_b \mu_b + \lambda_s \mu_u) +$$

$$i_u^* \lambda_s [\lambda_b \mu_b + \lambda_u \mu_u + \lambda_s (\mu_b + \mu_u)] \} \}$$

由于 $c_1 > 0$，$c_2 > 0$，$c_3 > 0$，且 $c_1 c_2 - c_3 > 0$，可以判断 D 点处于稳定，如果的确存在可行的解，则 D 点将趋稳定。在这种情况下，如果人群满足 $i_b(\infty) > 0$，$i_s(\infty) > 0$，$i_u(\infty) > 0$ 的条件，则知道不实信息的三种人群都在系统里大量存在，说明不实信息在人们的日常生活中长期存在并持续发挥影响，整个系统对不实信息的系统性控制将趋于失控。

第三节　不实信息传播的 $SI_b I_s I_u$ 最优控制模型

在 $SI_bI_sI_u$ 模型中引入控制变量 $u_b(t)$，其中，u_b 表示对 i_s 向 i_b 转换率 μ_b 进行控制，添加控制变量 $u_b(t)$ 后的模型如下所示：

$$\begin{cases}\dfrac{ds}{dt}=b-\lambda_b s(t)i_b(t)-\lambda_s s(t)i_s(t)-\lambda_u s(t)i_u(t)-\delta s(t)\\[2ex]\dfrac{di_b}{dt}=\lambda_b s(t)i_b(t)+u_b(t)\mu_b i_s(t)-\delta i_b(t)\\[2ex]\dfrac{di_s}{dt}=\lambda_s s(t)i_s(t)-u_b(t)\mu_b i_s(t)-\mu_u i_s(t)-\delta i_s(t)\\[2ex]\dfrac{di_u}{dt}=\lambda_u s(t)i_u(t)+\mu_u i_s(t)-\delta i_s(t)\end{cases}\tag{4-5}$$

针对类似应急管理，最主要的目的是在控制成本尽量低的情况下，使相信不实信息的传播者 I_b 及对不实信息将信将疑者 I_s 的人数达到最少，进而使不实信息传播与控制的社会效用最大化，降低不实信息影响波及的范围，降低社会损失。故设立目标函数 J，其表达式如式（4 -6）所示：

$$J = \min\int_0^{t_f}[a_1 i_s + a_2 i_b + c_1 u_b^2]dt \tag{4-6}$$

式中：a_1、a_2 分别为将信将疑和相信不实信息的传播者的权重系数，也可视为在 t_f 时间内不同变量之间的平衡系数；c_1 为对控制参数 u_b 的权重系数。

进而，通过将所有社会效用都转化为以费用最低为目标的函数，控制参数 u_b 取值范围要满足：

$$U=\{u\mid a_0\leqslant u_b(t)\leqslant b_0, t\in[0,t_f]\}$$

根据最小值法构造哈密尔顿函数 H，如式（4 -7）所示，其中，惩罚函数的乘子 $\varpi_1(t)\geqslant 0$，$\varpi_2(t)\geqslant 0$，在 $u_b=u_b^*$ 时，满足 $\varpi_1(t)$ $[a_0-u_b]=0$，$\varpi_2(t)$ $[u_b-b_0]=0$。

$$H = a_1 i_s + a_2 i_b + c_1 u_b^2 + \lambda_1 [b - \lambda_b s(t) i_b(t) - \lambda_s s(t) i_s(t) - \lambda_u s(t) i_u(t) - \delta s(t)] + \lambda_2 [\lambda_b s(t) i_b(t) + u_b(t) \mu_b i_s(t) - \delta i_b(t)] + \lambda_3 [\lambda_s s(t) i_s(t) - u_b(t) \mu_b i_s(t) - \mu_u i_s(t) - \delta i_s(t)] + \lambda_4 [\lambda_u s(t) i_u(t) + \mu_u i_s(t) - \delta i_s(t)] + \varpi_1(t)[a_0 - u_b] + \varpi_2(t)[u_b - b_0]$$

假设存在最优控制变量 u_b^* 及最优解 s^*，i_b^*，i_u^*，i_s^*，使目标函数 J 在区间 U 范围内取最小值，则：

$$-\frac{\mathrm{d}\lambda_1}{\mathrm{d}t} = \frac{\partial H}{\partial s} = i_b \lambda_2 \lambda_b + i_s \lambda_3 \lambda_8 + i_u \lambda_4 \lambda_u + \lambda_1(-\delta - i_b \lambda_b - i_s \lambda_s - i_u \lambda_u)$$

$$-\frac{\mathrm{d}\lambda_2}{\mathrm{d}t} = \frac{\partial H}{\partial i_b} = a_2 - s\lambda_1 \lambda_b + \lambda_2(-\delta + s\lambda_b)$$

$$-\frac{\mathrm{d}\lambda_3}{\mathrm{d}t} = \frac{\partial H}{\partial i_s} = a_1 - s\lambda_1 \lambda_s + u_b \lambda_2 \mu_b + \lambda_3(-\delta + s\lambda_s - u_b \mu_b - \mu_u)$$

$$-\frac{\mathrm{d}\lambda_4}{\mathrm{d}t} = \frac{\partial H}{\partial i_u} = -s\lambda_1 \lambda_u + \lambda_4(-\delta + s\lambda_u)$$

满足横截条件：$\lambda_i(t_f) = 0$，$i = 1$，2，3，4。令：

$$\frac{\partial H}{\partial u_b} = 2c_1 u_b - \varpi_1 + \varpi_2 + i_s \lambda_2 \mu_b - i_s \lambda_3 \mu_b = 0$$

则 $u_b = [(\lambda_3 - \lambda_2)\mu_b + \varpi_1 - \varpi_2]/2c_1$。对$\varpi_1$，$\varpi_2$，$u_b$ 的取值范围，存在如下三种可能取值情况：

若 $a_0 < u_b < b_0$ 时，$\varpi_1 = 0$，$\varpi_2 = 0$，则 $u_b^* = (\lambda_3 - \lambda_2)\mu_b i_u / 2c_1$；

若 $a_0 = u_b^*$，$\varpi_1 = 0$，则 $u_b^* = [(\lambda_3 - \lambda_2)\mu_b i_u - \varpi_2]/2c_1 \geqslant a_0$；

若 $b_0 = u_b^*$，$\varpi_2 = 0$ 则 $u_b^* = [(\lambda_3 - \lambda_2)\mu_b i_u + \varpi_1]/2c_1 \leqslant b_0$；

计算可得：

$u_b^* = \min\{\max\{(\lambda_3 - \lambda_2)\mu_b i_u / 2c_1,\ a_0\},\ b_0\}$，$a_0 = 0$，$b_0 = 1$，

故：$u_b^* = \min\{\max\{(\lambda_3 - \lambda_2)\mu_b i_u / 2c_1, 0\}, 1\}$。

第四节 模型数值仿真

为进一步检验模型，重点探讨模拟稳定状态 B 点的动态传播，这种状态是对不实信息传播进行控制的理想结果。对比进行控制及不进行控制的模型运行稳定状态，采用 Cintron[19] 相关实验数据及调研数据，时间 t 以小时 h 为单位，假设人群在一个虚拟社区内进行活动，人群以百万人为计量单位。

设定：人群在单位时间内流入系统的速度 b 为 0.009，在单位时间内流出系统的流失率 δ 为 0.0001；S 转化为 I_b 的概率 λ_b 为 0.2，S 转化为 I_s 的概率 λ_s 为 0.3，S 转化为 I_u 的概率 λ_u 为 0.4；I_s 接收外界信息后转化为 I_b 的概率 μ_b 为 0.2，I_s 接收到外界信息转化为 I_u 的概率 μ_u 为 0.1。

为了进一步验证对不实信息传播进行最优控制的结果，将进行最优控制与不进行最优控制的相信不实信息者 I_b，对不实信息将信将疑者 I_s，不相信不实信息者 I_u 等三种人群的数量，按照时间变化进行对比，如图 4－2、图 4－3、图 4－4 所示。

由于该最优控制模型仅对 I_s 向 I_b 的接触转化率 μ_b 进行控制，相信不实信息的人数显著减少，使得 I_s 向 I_u 的接触转化可能性大大提高。在最优控制刚开始的时候，不相信不实信息者的人数通常会显著增长，并且其增速远远高于不进行最优控制情况下的比率。

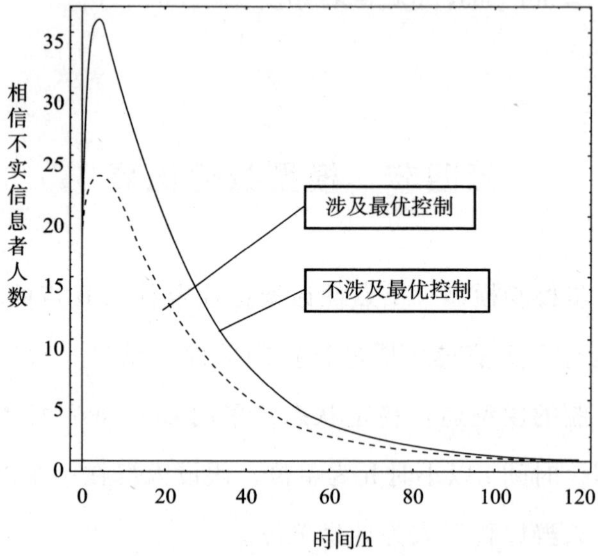

图 4－2　涉及控制与不涉及控制时 I_b 数量变化对比

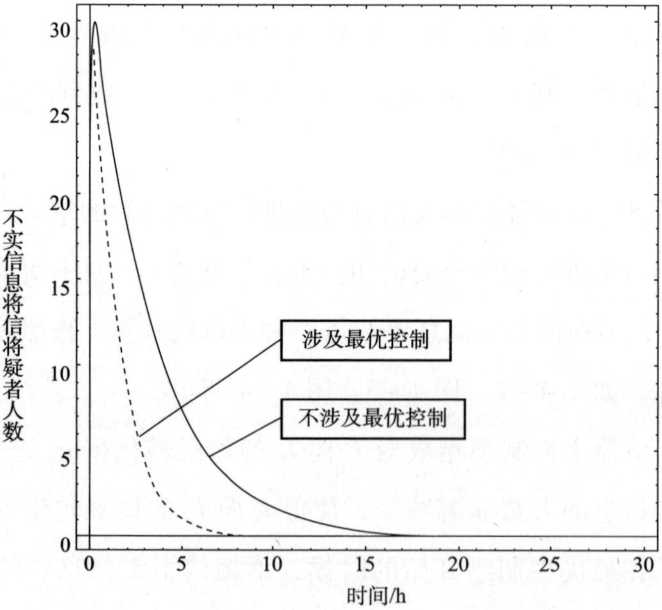

图 4－3　涉及控制与不涉及控制时 I_s 数量变化对比

这一结果既验证了最优控制模型的有效性，也指出需要对影响不实信息传播的关键因素进行控制，从而降低不实信息波及的范围，并降低社会损失，同时实现社会效用最大化。

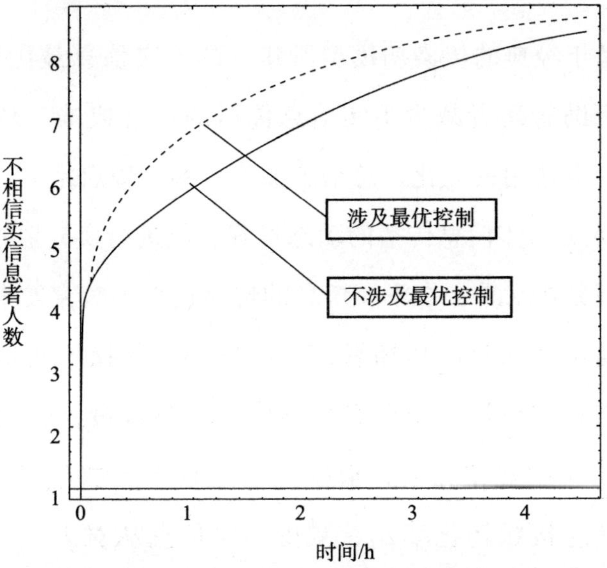

图 4－4　涉及控制与不涉及控制时 I_u 数量变化对比

最优控制变量及计算公式：

$$u_b^* = \min\{\max\{(\lambda_3 - \lambda_2)\mu_b i_u / 2c_1, 0\}, 1\}$$

图 4－5 表明，在不实信息的传播过程中，管理者针对不实信息传播的动态控制过程，减少权威信息获取的成本，切实减少不实信息的真实拥护者，从而使社会的总成本最小。

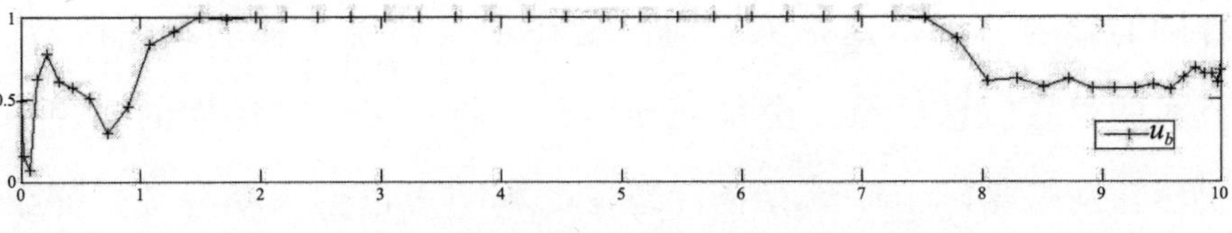

图 4－5　控制变量 u 的演化图

第五节　管理启示

针对基于经典的传染病模型所建立的不实信息最优控制模型，为了切实帮助管理者减少不实信息传播的社会成本，减少潜在损失，实现社会效用最大化，总结了如下一些管理启示。

（1）针对不实信息传播的动态过程，应进行实时监控。

从模型分析来看，在不实信息的传播过程中对突发事件不利的因素为相信不实信息的传播者，他们进一步传播不实信息，衍生新的不实信息舆论场，误导突发事件的应急救援，引起民众的恐慌。加大政府的宣传力度，根据传播过程中不实信息个体数量，调整不实信息接触转化率 μ_b，减少不实信息从对 I_s 向 I_b 的转化，同时使系统的社会效益最大化。

在信息社会发展的背景下，特别是随着网络和新媒体的快速发展，不实信息传播和发展的效应已经发生了巨大的变化，几乎没有什么进入成本的参与模式以及产出方式的快捷，导致不实信息能够在短时间内迅速地聚集人气、快速发酵，其传播规模和潜在影响能够迅速扩大。在信息传播的初期，其影响力可从隐性的作用迅速显化；在信息快速传播甚至以几何倍数快速扩大的情况下，伴随的影响力也迅速扩大；即使是在不实信息传播的最后阶段，真实的权威信息已经完全得到证实，之前不实信息传播的痕迹会仍然在网络媒体上广泛存在，潜在的影响力也会长期存在，甚至有可能在未来的某个时间点重新成为舆论关注的焦点，被重新传播甚至是加工后再传播。充分把握和认识到网络不实信息传播的动态发展阶段，并实施有效的适时监控，能够帮助管理者进行科学判断，掌握不实信息发展的各个阶段相关的转换条件和节点，从而适时开展有效的控制措施。

在不实信息发展的初期，即信息的散播阶段，网络关注和影响力有限，传播仍然比较分散，可能大部分不实信息不会引起人们的注意，只有少量的信息在进行一定的聚集之后，才有可能得到充分的关注。在这个阶段，如果能够准确判断和预见到某些不实信息内容和特征有可能形成一定的后续关注效应，则可以从源头上提前加以有效干预，一方面可以积极地引导，避免和减少对不实信息的关注，并避免其发酵和传播，同时，也可以用正确的权威信息去覆盖引导，做到防患于未然。

在不实信息的聚集阶段，某些原本处于分散状态的不实信息受到某些外界因素的影响，引起了一定程度的关注，受众群体的反馈和疑问或许会大量增加，接触不实信息的个体中可能很多人还处于将信将疑的状态。随着新媒体主动或者被动的传播作用，不实信息的传播甚至可能在极其短暂的时间内就完成聚集，形成广泛关注。当充分的关注形成后，不实信息的深度传播就更有可能实现。这个时期是进行不实信息控制的最关键的时期，如果可以加以正确合适的引导，则有可能阻止不实信息的大规模扩散，也有可能因警惕性不足，反而激发传播效果的扩大。因此，控制的关键在于，必须及时了解和把握不实信息的适时走势，并针对意见反馈予以积极应对和科学引导。

在不实信息传播的扩散阶段，不实信息已经成为媒体和受众的关注焦点，人群节点参与传播的积极性和热情持续高涨，对管理者而言，其控制压力则急剧上升。因为不实信息的快速传播已经使信息的影响力进一步放大，甚至产生大量衍生的不实信息，形成大规模的社会事件。这个时候，管理者的介入大多是被动的，公共信息披露的压力骤增，内容更复杂，时间更紧迫，处理不实信息所涉及的难度成倍加大。这个时候，需要管理者务必拿出各个层面的综合作用，才能有效地正确引导受众对不实信息的判断，简单粗暴的措施可能并不能达到有效的控制结果。

在不实信息传播后期，如果能够妥善处理，则不实信息所形成传播效果和认知结果有可能被延续固化，甚至影响受众的社会心理和行为判断，比如慎重考虑不实信息所带来的现实影响和潜在影响。不实信息的大规模传播很可能已经改变和影响了社会心理，真实是人们对某种社会问题的基本判断，必须经过持续的反向传播才能加以影响和消除。

（2）加强科普教育，减少不实信息真实的拥护者。

通过科普教育的手段，使个体在接收到不实信息时具备自己的判断能力，从而减少个体对不实信息盲目追逐和信任的概率，切实减少和消除不实信息的二次传播与继续扩散。

首先，应该以科普教育为切入点，既要减少个体接受不实信息的概率，也要减少个体对于不实信息的拥护概率。管理者要对谣言犯罪持续保持高压，营造全民“防忽悠”的教育氛围。通过长效的教育引导提高普通民众抵御跟风诱惑的心智。网络媒体上那些善于编造谣言的人，正是利用了很多人盲目跟风的心态，抓住一切机会和主题创造眼球的噱头，利用热点事件和热点信息传播过程中的各种不良情绪，实现自我的关注度，继而通过后续的商业运作，达到牟利的目的。因此，如果普通受众能够保持心态平和、保持理性，不实信息的传播几率便会大大下降，让专业的谣言制造工厂无机可乘。

其次，要帮助普通民众切实提升自我信息甄别的能力，在面对各种鱼龙混杂的信息时，网民要有自己坚守的道德底线和恒定的价值判断标准。

最后，要切实提高获取正确信息的渠道，降低获取正确信息的成本。很多职能部门积极推广的政务微信与政务微博，其目的之一就是实现“动动手指滑滑屏”就可以完成的“指尖上的信息获取和不实信息的澄清”。只有受众在获悉不实信息的时候，还处于将信将疑的阶段，就能够通过简单易行的办法澄清不实信息并获取真实权威信息的渠道，就能够有效地避免这些人群倒向那些已经相信并还会继续传播不实信息的人群。现实生活中很多不实信息的广泛传播所引发的公共事件，一般都源于权威信息获取渠道不充分或者信息获取成本高昂等原因。即使是已经有良好的信息发布平台，也要保证这个正确信息能够及时、精准、有效地传播到目标受众中，才能真正发挥权威信息发布和沟通节点的作用。

第六节　本章小结

本书从均匀复杂网络出发，利用系统动力学方程研究不实信息的传播规律和疏导问题。通过把经典的疾病传播模型转化成不实信息的传播模型，利用动态控制的思想，对不实信息传播的动态控制进行深入研究，并通过仿真模拟对控制模型进行验证：

（1）管理决策者者可以通过调整相关参数使系统达到相关阈值，从而实现对不实信息传播加以控制的目的。

（2）在涉及最优控制的情况下，不实信息的影响范围比没有任何控制的情形要明显减少，对不实信息传播的控制难度明显降低，完成对不实信息传播控制时间的缩短。

（3）不实信息传播的控制过程是动态变化的，管理者应该进行实时监控，最优化地利用资源，有效实施控制策略，最优化社会效用。

（4）管理者应该加强科普教育，提高权威信息获取的渠道，减少权威信息获取的成本，切实减少不实信息的相信者和拥护者。

第五章

不实信息传播的引导模型

由于信息的不对称性以及传播过程的不确定性，不实信息可能会通过网络以及新媒体在更大的范围内快速传播，带来更负面的社会影响。管理者所发布的真实和权威的信息，也在相应的传播渠道内传播和扩散。社会公众所接受到的信息、所受到的影响和做出的判断，是权威信息和不实信息等多种信息交互影响的结果。本书探讨了信息传播过程的交互影响，分析了动态交互系统的稳定性，建议相关的管理者更加积极地介入和干涉这种交互过程，通过系统的制度化建设提前准备，并在信息传递的过程中积极引导和控制，加强对不实信息传播的管理，减少甚至剔除可能产生的负面影响。

第一节 引 言

信息社会中网络媒介以及新媒体的蓬勃发展，使得不实信息的传播存在着更大的可能性和潜在和危害性，特别是对突发事件的处理，有可能带来前所未有的挑战，甚至有可能激发突发事件向更加不可控的方向发展。

信息传播过程的不确定性以及信息传播者和接收者的信息不对称性，都有可能激发突发事件造成更大的社会影响力和危害性。

借助新的传播媒介和传播方式，不实信息的传播速度更快，波及范围更大，在较短的时间内对社会公众心理的冲击和影响更大。作为真实和权威信息的发布者，必须具备更为敏锐的感知力，需要建立更为制度化和常态化的信息沟通机制，建立健全应急预案的规划，切实加强对不实信息的引导。

许多突发事件的发生和发展都伴随着大量不实信息的扩散。不管突发事件是否已经发生，不实信息之所以被公众相信，除了因为不实信息本身所隐含的潜在杀伤力之外，更多是因为受众在面对正在发生的危机又无法掌控信息，为了自身安全而产生的心理焦灼甚至恐惧。如果权威信息的发布者不能及时真实、全面有效地传递信息，就很有可能发生“官方信息发布跑不过巷口传言”的情况，而在应急处理过程中，假如官方对不实信息传播处理不当甚至是刻意隐瞒真相，则完全可能对不实信息的发源、发展、传播、蔓延范围起到推波助澜的作用。同时，如果权威信息总是姗姗来迟，那么，对不实信息传播的控制和引导就完全成了一句空话，在信息与舆论的交锋中，真实信息主动让位给了不实信息，后续则要需要付出巨大的额外成本去消除不实信息的破坏力。在应急事件的处理过程中，权威部门必须随时掌握应急处理动态，及时采取措施有效地处理不实信息的传播，并始终保持信息传播和沟通的主动地位，及时、主动、多方面地进行披露信息。

2016 年，上海房地产市场出现了不实信息，“9 月起上海市将实行购房信贷新政”的消息开始在网络上流传后，导致上海房地产市场出现动荡，新房和二手房的成交量飙升，假离婚的人挤破了民政局的大门，在房地市场上掀起了一幕幕的闹剧。真实的情况是，个别房地产中介人为制造了这个谣言，由于该信息在公众号等权威新媒体上发布，加之购房者个体对于房地产市场的恐慌，最终导致了上海房地产市场的动荡。由于政府迅速公布了权威信息，全面真实地解读了本次不实信息的始末，公布了相关的处理结果，对不实信息进行澄清，很快就稳定了动荡的房地产市场。

在已有的文献中，Danzig 等人研究在面临突发事件时，信息的传播特别是不实信息在突发事件中造成的巨大恐慌，极易在人群中引起混乱，而实际造成的危害和影响则会带来更大的灾难和影响[192]。Yang 针对信息在传播过程中，由于各种原因造成的扭曲和变化，特别是个体的主观反应，会影响个体在股市中的投资决策，研究信息传播对经济影响的理论基础[130]。Lv 和 Wang 分析认为，谣言的过度传播可能造成公众的心理恐慌，引起社会秩序混乱，进而会引发拥挤踩踏等衍生的应急事件。

谣言常常会误导民众的观察和判断，扰乱对突发事件真实进展的视线，甚至影响应急救援的有序进行；同时，如果官方的应急处理能够引导民众辨识信息的真伪，则能够产生正面的社会效用[131]。Danielsen 和 Thomas 就应急管理与谣言之间的相互关系进行研究，重点探讨突发事件中谣言的影响和作用，并对谣言进行了较为客观的定义和分类总结，认为谣言影响个体对灾害的评估与判断，并详细分析了不同的谣言类型对应急灾害的整体影响[132]。Thompson 等人建立了和 Daley - Kendall 模型类似的谣言模型，并重点考虑了易感染者以及传播者的多样性在谣言传播中的影响[133]。Kawachi 基于受众接触类型的不同，确立了有限维及无限维的动力学模型，计算了谣言传播的阈值，并解释了相应的含义[134]。Kawachi 等人则直接考虑不同的接触对最终传播结果的影响，利用数学模拟队最终传播的结果进行了探讨分析[135]。

在信息社会的大背景下，各类突发事件层出不穷，对政府公共安全管理提出了新的机遇和挑战[136][137]，如汶川、日本大地震及雅安大地震，各种不实信息相伴而来并迅速传播[138]。实际上，在突发事件中官方的表现对官方形象的维护有着非常重要的作用。

从个体的角度看，不实信息的传播可能影响个体在突发事件中对相关风险的判断与评估，其结果可能会影响个体在突发事件中的决策行为。站在管理者的角度，所谓应急处理，要包括组织应急救援、发布真实信息、澄清虚假信息等工作，只要方法得当、目的明确，都将能够引导民众认识突发事件的真实情况，从而能够增强对不实信息的辨识能力。

Zhang 等利用三分子模型来研究突发事件的发展和谣言传播之间的交互模型，研究指出，谣言的传播会对应急事件的发展起到加速的作用。Huo 等人借助动力学原理，建立了谣言传播的动力学模型，在此基础上利用数据模拟仿真画出了系统的相图，提出了有关应急管理的一些策略与政策建议[97]。Zhao 等人研究了谣言等不实信息传播对突发事件管理的影响，同时考虑官方应急因素，建立了动力学模型来刻画三者之间的关系[99]。

已有文献所建立的动力学方程在一定的程度上刻画了谣言等不实信息的传播模式以及不实信息与官方应急策略之间的关系，很少将不实信息传播与权威的真实信息管控策略相结合。本书基于对不实信息传播问题的研究，重点探讨掌握真实信息的节点与不实信息的节点之间的交互影响，挖掘不实信息传播与疏导的新思路，探讨突受权威信息影响的不实信息的引导模型，研究表明，随着不实信息传播率的增长，系统出现 Hopf 分叉，在此基础上分析了系统的持久性。最后，基于相关理论分析，提出官方对不实信息传播与控制的策略。

第二节　不实信息传播的引导模型

一、引导模型

按照前文的分析，突发事件发生后，一方面，在民间“舆论场”中，有关事件的不实信息会通过各种渠道传播扩散；以官方为代表的应急管理者，获知相关信息后会进行干预，发布相关的官方信息以正视听。以 2011 年日本大地震为例，核辐射的信息弥漫中国，碘盐抗辐射的不实信息在民众之间通过各种媒体渠道迅速传播扩散，导致中国大部分地区出现了抢购碘盐的风潮，甚至有人因为摄入过多的碘盐而入院治疗。在这种民间舆论的压力下，官方一方面通过官方媒体进行科学知识的普及，提高民众对于谣言的抵抗力，指出碘盐抗辐射的误区；另一方面，提高官方信息的公信力，遏制这种不实信息的传播。实际上，信息的传播过程是两种信息之间的交互过程，为进一步研究信息传播的演化，最终对不实信息传播的影响力进行控制和引导，相关参数如表 5 - 1。

表 5-1 相关参数对照表

X	无知者人数的数量（没有任何信息的个体）
Y	不实信息的传播者的数量
r	增长系数
K	空间容量
A	官方信息的个体数量
α	无知者 X 接受官方信息的概率
β	不实信息的传播者 Y 接受官方信息的概率
λ	无知者 X 接受不实信息的概率
μ	参数 μ 为无知者 X、官方信息的个体 A、不实信息的传播者 Y 的移除率

本书进行了以下假设：

（1）根据个体掌握信息以及所属舆论场的不同，将人群分为两类：一类是民间舆论场中的个体，总数为 N，对于民间舆论场中的个体，根据是否接受并传播不实信息，分为无知者 X，不实信息的传播者 Y。满足 $X+Y=N$，民间舆论场中的无知者 X 服从 Logist 分布，满足 $\frac{dX}{dt}=rX\left(1-\frac{X}{K}\right)$，其中 r 是增长系数，参数 K 为空间容量。

（2）方信息往往通过官方媒体进行广播，信息的传播属于垂直传播，假设掌握官方信息的个体人数为 A。

（3）假设官方信息具有权威性，掌握官方信息的个体 A 与其他的个体接触，都会使民间舆论场中的个体以一定的比例接受官方权威信息，参数 α，β 分别表示无知者 X 与不实信息的传播者 Y 接受官方信息的比例；而如果无知者 X 与不实信息的传播者 Y 进行接触后，假如没有任何信息的个体会选择相信不实信息，参数 λ 表示接受不实信息的概率。

（4）个体进入系统后会由于其他原因离开系统，参数 μ 为无

知者 X、官方信息的个体 A、不实信息的传播者 Y 的移除率。为了保证系统稳定，无知者 X 的增长率设为 $\mu < r$。

各个个体之间的转换交互关系如图 5－1 所示：

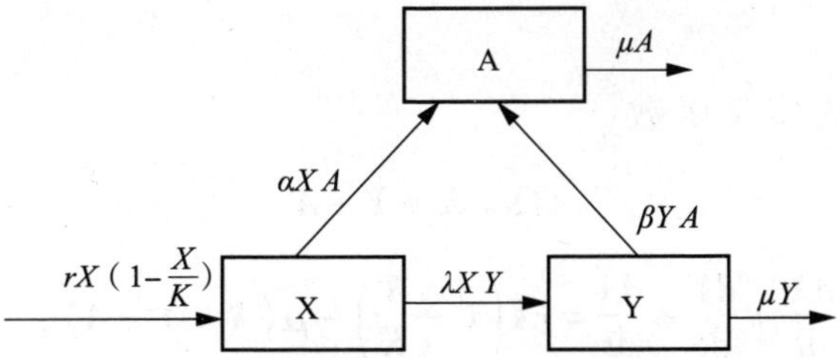

图 5－1　官方信息与不实信息传播的交互示意图

根据动力学建模思想，可以建立如下交互微分方程模型：

$$\begin{cases} \dfrac{\mathrm{d}X}{\mathrm{d}t} = rX\left(1 - \dfrac{X}{K}\right) - \alpha XA - \lambda XY - \mu X \\ \dfrac{\mathrm{d}Y}{\mathrm{d}t} = \lambda XY - \beta YA - \mu Y \\ \dfrac{\mathrm{d}A}{\mathrm{d}t} = \alpha XA + \beta YA - \mu A \end{cases} \tag{5-1}$$

其中，参数 r，α，β，λ，μ，K 均为非负常数。

求解方程组（5－1），得到五个平衡点：

$E_0=(0, 0, 0)$，$E_1=\left(K\left(1-\dfrac{\mu}{r}\right), 0, 0\right)$，$E_2=\left(\dfrac{\mu}{\alpha}, 0, \dfrac{k\alpha(r-\mu)-r\mu}{K\alpha^2}\right)$，

$E_3=\left(\dfrac{\mu}{\lambda}, \dfrac{k\lambda(r-\mu)-r\mu}{K\lambda^2}, 0\right)E^*=(X^*, Y^*, A^*)$；其中，$X^*=$

$\dfrac{K(r\beta+\mu(\alpha-\beta-\lambda))}{r\beta}$，$A^*=\dfrac{-r\beta\mu+K\lambda(r\beta+\mu(\alpha-\beta-\lambda))}{r\beta^2}$

二、系统有界性

定理1：动力系统（5－1）所有的解在三维空间 R_+^3 都是一致有界的。

证明：先定义函数：

$$\Omega = X + Y + A \tag{5-2}$$

由 $\frac{d\Omega}{dt} = \frac{dX}{dt} + \frac{dY}{dt} + \frac{dA}{dt} = rX\left(1 - \frac{X}{K}\right) - \mu(X + Y + A)$，

取参数任意正数 $M > 0$，$0 < \xi \leqslant \mu$，可得：

$$\begin{aligned}\frac{d\Omega}{dt} + \xi\Omega &= X\left(r\left(1 - \frac{X}{K}\right) + (\xi - \mu)\right) - (\mu - \xi)Y - (\mu - \xi)A \\ &= \frac{rX}{rK}(K(r + \xi - \mu) - rX) - (\mu - \xi)Y - (\mu - \xi)A \\ &\leqslant \frac{(rX + K(r + \xi - \mu) - rX)^2}{4rK} - (\mu - \xi)Y - (\mu - \xi)A \\ &\leqslant \frac{K(r + \xi - \mu)^2}{4r} = M\end{aligned} \tag{5-3}$$

应用微分方程理论可得：

$$0 < \Omega = \frac{M}{\xi}(1 - e^{-\xi t}) + \Omega(X(0), Y(0), A(0))e^{-\xi t} \tag{5-4}$$

在 $t \to \infty$ 时，$0 < \Omega = \frac{M}{\xi}$，系统（1）的平衡点都在正向不变空间 Ψ 内，其中：

$$\Psi = \left\{\Omega(X, Y, A) \in R_+^3 \mid : X + Y + A = \frac{M}{\xi} + \varepsilon, \forall \varepsilon > 0\right\}$$

证毕。

三、平衡点的稳定性

为了对系统进行稳定性分析，系统（5－1）的 Jacobian 矩阵为：

$$J_E=\begin{pmatrix} r\left(1-\frac{X}{K}\right)-\frac{rX}{K}-\alpha A-\lambda Y-\mu & -\lambda X & -\alpha X \\ \lambda Y & -A\beta+\lambda X-\mu & -\beta Y \\ \alpha A & \beta A & \alpha X+\beta Y-\mu \end{pmatrix} \tag{5-5}$$

（1）对于平衡点 $E_0=(0,0,0)$，Jacobian 矩阵为：

$$J_{E_0}-\begin{pmatrix} r-\mu & 0 & 0 \\ 0 & -\mu & 0 \\ 0 & 0 & -\mu \end{pmatrix} \tag{5-6}$$

特征方程的根：$\rho_{01}=r-\mu$；$\rho_{02}=-\mu$；$\rho_{03}=-\mu$；由于 $\mu<r$，即 $\lambda_{01}>0$，根据 Routh－Hurwitz 准则[13]进行判定，可知平衡点 $E_0=(0,0,0)$ 是系统的不稳定平衡点。

（2）对于平衡点 $E_1=\left(K\left(1-\frac{\mu}{r}\right),0,0\right)$，Jacobian 矩阵为：

$$J_{E_1}=\begin{pmatrix} -r+\mu & -\frac{\lambda K\ (r-\mu)}{r}r & -\frac{\alpha K\ (r-\mu)}{r}r \\ 0 & -\mu+K\left(\lambda-\frac{\lambda\mu}{r}\right) & 0 \\ 0 & 0 & -\mu+K\left(\alpha-\frac{\alpha\mu}{r}\right) \end{pmatrix} \tag{5-7}$$

特征方程的根：$\rho_{11}=-(r-\mu)$；$\rho_{12}=-\mu+K\alpha\left(1-\frac{\mu}{r}\right)$；$\rho_{13}=$

$-\mu+K\lambda\left(1-\frac{\mu}{r}\right)$；由于$\mu<r$，即$\rho_{11}<0$；若存在$R_{11}=\frac{r\mu}{K\alpha(r-\mu)}<1$，$R_{12}=\frac{r\mu}{K\lambda(r-\mu)}<1$时，$\rho_{12}<0$；$\rho_{13}<0$，根据 Routh – Hurwitz 准则[17]可知平衡点$E_1=\left(K\left(1-\frac{\mu}{r}\right),0,0\right)$是局部稳定平衡点。

（3）当$R_{11}=\frac{r\mu}{K\alpha(r-\mu)}>1$，平衡点$E_2=\left(\frac{\mu}{\alpha},0,\frac{k\alpha(r-\mu)-r\mu}{K\alpha^2}\right)$存在，其 Jacobian 矩阵：

$$J_{E_3}=\begin{pmatrix} -\frac{r\mu}{\alpha K} & -\frac{\lambda\mu}{\alpha} & -\mu \\ 0 & \frac{r\beta\mu-K\alpha(r\beta+\mu(\alpha-\beta-\lambda))}{K\alpha^2} & 0 \\ r-\mu-\frac{r\mu}{K\alpha} & \frac{\beta(K\alpha(r-\mu)-r\mu)}{K\alpha^2} & 0 \end{pmatrix} \tag{5-8}$$

特征方程的根：$\rho_{21}=\frac{r\beta\mu-K\alpha(r\beta+\mu(\alpha-\beta-\lambda))}{K\alpha^2}$，若存在$R_{21}=\frac{r\beta\mu}{K\alpha(r\beta+\mu(\alpha-\beta-\lambda))}<1$时，$\rho_{21}<0$；特征根$\rho_{22}$，$\rho_{23}$是方程$f(\rho)$的根。

$$f(\rho)=P_1\rho^2+P_2\rho+P_3 \tag{5-9}$$

系数$P_1=K\alpha$，$P_2=r\mu$，$P_3=\mu(r\alpha K-r\mu-\alpha\mu K)$。

若存在$R_{21}=\frac{r4K^2\alpha^2}{\mu(4K\alpha+r^2+4K^2\alpha^2)}<1$，且$R_{11}=\frac{r\mu}{K\alpha(r-\mu)}>1$，则有$l=-\frac{P_2}{2P_1}<0$，$P_3=\mu(r\alpha K-r\mu-\alpha\mu K)>0$，$\Delta=P_2^2-4P_1P_3=\mu(r^2\mu+4Kr\alpha\mu+4K^2\alpha^2(\mu-r))>0$，进而方程$f(\rho)$存在两个负

根，即 $\rho_{22}<0$，$\rho_{23}<0$.

根据 Routh – Hurwitz 准则[17]可知，平衡点 $E_2=\left(\frac{\mu}{\alpha},\ 0,\ \frac{k\alpha\ (r-\mu)\ -r\mu}{K\alpha^2}\right)$ 是局部稳定平衡点。

（4）当 $R_{12}=\frac{r\mu}{K\lambda\ (r-\mu)}>1$，平衡点 $E_3=\left(\frac{\mu}{\lambda},\ \frac{k\lambda\ (r-\mu)\ -r\mu}{K\lambda^2},\ 0\right)$ 存在，稳定性分析与（3）中平衡点 E_2 类似，即，$R_{12}=\frac{r\mu}{K\lambda\ (r-\mu)}>1$，$R_{31}=\frac{r4K^2\lambda^2}{\mu\ (4K\lambda+r^2+4K^2\lambda^2)}<1$ 时，平衡点 $E_3=\left(\frac{\mu}{\lambda},\ \frac{k\lambda\ (r-\mu)\ -r\mu}{K\lambda^2},\ 0\right)$是局部稳定平衡点。

（5）当 $R_0^*=\frac{\mu\ (\beta+\lambda)}{\alpha\mu+\beta r}<1$，$R_1^*=\frac{rK\beta\alpha+\mu K\alpha^2}{\mu\ (r\beta+K\beta\alpha+K\lambda\alpha}<1$，$R_3^*=\frac{\mu(r\beta+K\beta+K\lambda^2)}{\lambda K(r\beta+\alpha\mu)}<1$

平衡点 $E^*=(X^*,\ Y^*,\ A^*)$存在，其中，$X^*=\frac{K(r\beta+\mu(\alpha-\beta-\lambda))}{r\beta}$，$Y^*=\frac{r\beta\mu-K\alpha(r\beta+\mu(\alpha-\beta-\lambda))}{r\beta^2}$，$A^*=\frac{-r\beta\mu+K\lambda(r\beta+\mu(\alpha-\beta-\lambda))}{r\beta^2}$，

其 Jacobian 矩阵为：

$$J_{E^*}=\begin{pmatrix} -\frac{rX^*}{K} & -\lambda X^* & -\alpha X^* \\ \lambda Y^* & 0 & -\beta Y^* \\ \alpha A^* & \beta A^* & 0 \end{pmatrix} \tag{5-10}$$

特征方程：

$$g(\rho)=\rho^3+H_1\rho^2+H_2\rho+H_3 \tag{5-11}$$

其中 $H_1=-\frac{rX^*}{K}$，$H_2=\lambda^2X^*Y^*+\beta^2A^*Y^*+\alpha^2X^*A^*$，$H_3=$

$\frac{r\beta^2X^*Y^*A^*}{K}$。而，$H_1>0$，$H_3>0$，$H_1H_2-H_3=\frac{rX^{*2}(\alpha^2A^*+\lambda^2Y^*)}{K}>0$，则平衡点 $E^*=(X^*,Y^*,A^*)$ 是局部稳定平衡点。

定理2：当 $R_0^*=\frac{\mu(\beta+\lambda)}{\alpha\mu+\beta r}<1$，$R_1^*=\frac{rK\beta\alpha+\mu K\alpha^2}{\mu(r\beta+K\beta\alpha+K\lambda\alpha)}<1$，$R_2^*=\frac{\mu(r\beta+K\beta+K\lambda^2)}{\lambda K(r\beta+\alpha\mu)}<1$

平衡点 $E^*=(X^*,Y^*,A^*)$ 是动力系统（1）的全局稳定点。

证明：构造 Lyapunov 函数：

$$L=X-X^*-X^*\ln\frac{X}{X^*}+Y-Y^*-Y^*\ln\frac{Y}{Y^*}+A-A^*-A^*\ln\frac{A}{A^*} \tag{5-12}$$

函数求导：

$$\frac{dL}{dt}=(X-X^*)\frac{dX}{X}+(Y-Y^*)\frac{dY}{Y}+(A-A^*)\frac{dA}{A}$$

$$=\left(r\left(1-\frac{X}{K}\right)-\alpha A-\lambda Y-\mu\right)+(Y-Y^*)(\lambda X-\beta A-\mu)+$$

$$(A-A^*)(\alpha X+\beta Y-\mu)$$

$$=-\frac{(r\beta X-K(r\beta+\mu(\alpha-\beta-\lambda)))^2}{Kr\beta^2}<0 \tag{5-13}$$

应用 Lasalle 定理可知系统平衡点 $E^*=(X^*,Y^*,A^*)$ 是动力系统（5-1）的全局渐进稳定点。

证毕。

定理3：当不实信息的传播率 $\lambda=\lambda^*$ 时，动力系统（5-1）在全局渐进稳定点 $E^*=(X^*,Y^*,A^*)$ 在附近进入 Hopf 分叉。

证明：要使 $\lambda=\lambda^*$ 时，动力系统（5-1）在全局渐进稳定点 $E^*=(X^*,Y^*,A^*)$ 在附近进入 Hopf 分叉，λ^* 满足以下两个

条件：

（1） $H(\lambda)=H_1(\lambda^*)H_2(\lambda^*)-H_3(\lambda^*)=0$；

（2） $\frac{H}{d\lambda}\mathrm{Re}(\rho(\lambda))|_{\lambda=\lambda^*}\neq 0$

实际上，λ^* 为 $\frac{rX^{*2}(\alpha^2A^*+\lambda^2Y^*)}{K}=0$ 的解。

当 $\lambda=\lambda^*$ 时，

$$(\rho^2+H_2)(\rho+H_1)=0 \tag{5-14}$$

三个根可写为：$\rho_1=i\sqrt{H_2}$，$\rho_2=-i\sqrt{H_2}$，$\rho_3=-H_1$。

对于任意的 ρ 一般可以写为，$\rho_1(\lambda)=\zeta_1(\lambda)+i\zeta_2(\lambda)$，$\rho_2(\lambda)=\zeta_1(\lambda)-i\zeta_2(\lambda)$，$\rho_3(\lambda)=-H_1(\lambda)$，进而 $\frac{H}{d\lambda}\mathrm{Re}(\rho_j(\lambda))|_{\lambda=\lambda^*}\neq 0$，$j=1,2$。

将 $\rho_1(\lambda)=\zeta_1(\lambda)+i\zeta_2(\lambda)$ 代入式（14）可得：

$$\begin{cases}K(\lambda)\zeta'_1(\lambda)-L(\lambda)\zeta'_2(\lambda)+M(\lambda)=0\\ L(\lambda)\zeta'_2(\lambda)+K(\lambda)\zeta'_1(\lambda)+N(\lambda)=0\end{cases} \tag{5-15}$$

其中，

$$\begin{cases}K(\lambda)=3\zeta_1^2(\lambda)+2H_1(\lambda)\zeta_1(\lambda)+H_2(\lambda)-3L(\lambda)\zeta_2^2(\lambda)\\ L(\lambda)=6\zeta_1(\lambda)\zeta'_2(\lambda)+2H_1(\lambda)\zeta_2^2(\lambda)\\ M(\lambda)=\zeta_1^2(\lambda)H'_1(\lambda)+H'_2(\lambda)\zeta_1(\lambda)+H'_3(\lambda)-H'_1(\lambda)\zeta_2^2(\lambda)\\ N(\lambda)=2H'_1(\lambda)\zeta_1(\lambda)\zeta'_2(\lambda)+H'_2(\lambda)\zeta_2(\lambda)\end{cases}$$

由于 $L(\lambda^*)N(\lambda^*)+K(\lambda^*)M(\lambda^*)\neq 0$，进而：

$$\frac{H}{d\lambda}\mathrm{Re}(\rho_j(\lambda))|_{\lambda=\lambda^*}=\left(\frac{LN+KM}{K^2+L^2}\right)|_{\lambda=\lambda^*}\neq 0 \tag{5-16}$$

且，$\rho_3(\lambda)=-H_1(\lambda)\neq 0$，则 $\lambda=\lambda^*$ 时，动力系统（1）在全

局渐进稳定点 $E^* = (X^*, Y^*, A^*)$ 在附近进入 Hopf 分叉。

证毕。

参数对于稳定点的影响如表 5－2 所示。

表 5－2　平衡点稳定的阈值

稳定点	存在条件	局部渐进稳定条件	不稳定	全局渐进稳定条件	分叉
E_0	$\mu < r$	—	—	—	—
E_1	$\mu < r$	$R_{11} = \frac{r\mu}{K\alpha(r-\mu)} < 1$，$R_{12} = \frac{r\mu}{K\lambda(r-\mu)} < 1$	$R_{11} > 1$ $R_{12} > 1$	—	—
E_2	$R_{11} = \frac{r\mu}{K\alpha(r-\mu)} < 1$	$R_{21} = \frac{r4K^2\alpha^2}{\mu(4K\alpha + r^2 + 4K^2\alpha^2)} < 1$	$R_{21} > 1$	—	—
E_3	$R_{12} = \frac{r\mu}{K\lambda(r-\mu)} < 1$	$R_{31} = \frac{r4K^2\lambda^2}{\mu(4K\lambda + r^2 + 4K^2\lambda^2)} < 1$	$R_{31} > 1$	—	—
E^*	$R_0^* = \frac{\mu(\beta+\lambda)}{\alpha\mu + \beta r} < 1$ $R_1^* = \frac{rK\beta\alpha + \mu K\alpha^2}{\mu(r\beta + K\beta\alpha + K\lambda\alpha)} < 1$ $R_2^* = \frac{\mu(r\beta + K\beta + K\lambda^2)}{\lambda K(r\beta + \alpha\mu)} < 1$	$R_0^* < 1$ 且 $R_1^* < 1$ 且 $R_2^* < 1$	$R_0^* > 1$ 或 $R_1^* > 1$ 或 $R_2^* > 1$	$R_0^* < 1$ 且 $R_1^* < 1$ 且 $R_2^* < 1$	$\lambda = \lambda^*$ Hopf 分叉

第三节　数值模拟与仿真

为了检验第二部分的理论推导，基于 Matlab 软件模拟仿真官方信息与不实信息之间的传及其相互影响的过程。不同的稳定点本身，可以代表最终所有不实信息进行扩散的所谓最终状态，从而可以根据实际情况，采取必要的应对措施，比如，可以选择相应的控制参数值，从而达到不实信息扩散的目的，就能比较有效地实现对不实信息进行有效引导的目的。

（1）当 $r>\mu$ 时，进入系统的人数比例大于移出系统的人数比例，而系统的将最终状态收敛到稳定点 E_0，以致所有人移出系统。分析结果表明，如果一定要使最终系统内最终状态非空，就必须满足 $\mu<r$。

（2）当 $R_{11}=\frac{r\mu}{K\alpha(r-\mu)}>1$，且 $R_{21}=\frac{r4K^2\alpha^2}{\mu(4K\alpha+r^2+4K^2\alpha^2)}<1$ 时，以电视、政府公众号为代表的等官方媒体影响力较大，传播力度低于阈值 $\alpha>\frac{r\mu}{K(r-\mu)}$，不实信息传播的影响力不高，导致越来越多的人受到官方信息的影响，并对于不实信息具有自己的辨识能力，进而能够影响周围的其他个体，使不实信息失去继续传播的土壤环境，系统的最终状态将是不实信息传播者逐渐消失，这是管理者最希望的管理状态。最终系统趋于 E_2，如图 5－2。

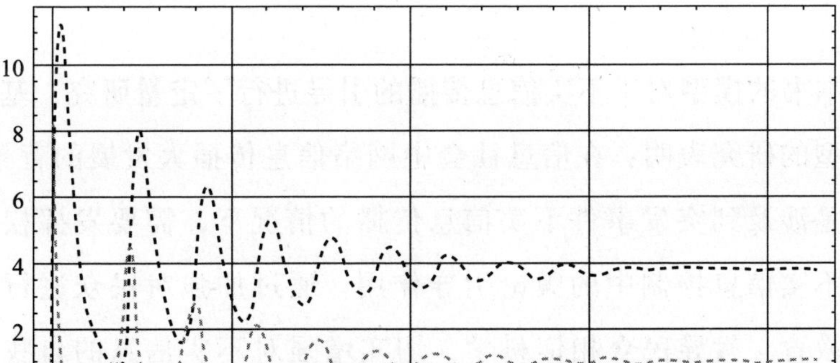

图 5－2　系统收敛到 E_2 点

（3）当 $\lambda=\lambda^*$ 时，权威媒体以及权威个人的影响的公信力不高，使得民众不相信专家，导致越来越多的人相信不实信息等小道消息并传播，结果导致不实信息泛滥。最终系统趋于震荡，如图5－3。

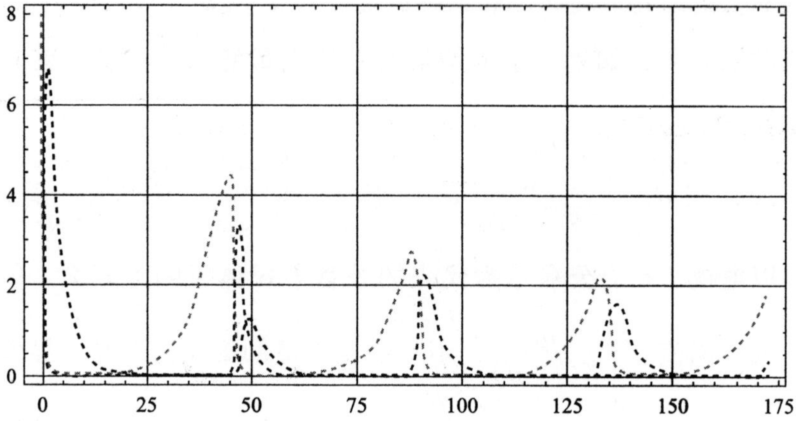

图5－3　系统在 E^* 附近震荡

第四节　管理启示

本书的模型对于不实信息传播的引导进行了定量研究，基于上述模型的研究表明：在信息社会中网络信息传播大发展的背景下，特别是涉及到突发事件不实信息传播的情况下，需要发挥权威媒体在不实信息控制中的舆论引导作用，通过加强对民众进行科普知识教育，教导民众相信科学，切实增强对不实信息的自我判断能力，首先让自己不信不传不实消息，进一步，要帮助别人辨识不实信息。既要提高民众的科普知识，又要用于发挥“智者”在不实信息控制中的积极作用，进行信息及时公开是不实信息控制的有效途径。同时，管理者要高度重视权威信息沟通的方式方法，对于不实信息传播的控制和引导，需要有效疏导，从而才能从根本上避免不实信息扩散带来的危害。本书的研究结论丰富了有关不实信息控制中定量研究的部分内容，具有一定的实际意义和价值，所提出来的管理启示可以为管理者在不实信息控传播的引导过程中进行的决策提供支持。

(1) 普及科普知识，提高民众素质，需要有所侧重。

首先，需要及时地持续地普及科普科学知识知识，全面地提高公民的科学素养，增强民众自我辨别真假信息的能力。把科普工作做在平时，做到实处，才有可能在真正的突发事发生后，让民众形成基本的科学认知和判断能力，或者具有直接获取权威信息的途径，也才能在关键时刻及时接收来自权威渠道的真实信息，并能够识别手机、网络中的不实信息，并产生正面的预期社会效应。因此，不实信息会因为民众的科普知识失去传播的空间，而且，掌握真实信息的人越多，就越能推动正面的示范效应。反之，民众极有可能不相信专家科学知识或者专家建议，相信不实信息，传播不实信息。很多公共事件所引发的不实信息之所以能够肆意传播，最主要的原因之一就是仍然有部分人非常缺乏基本的科普知识，具备较低的自我鉴别能力。因此，全面普及科学知识，通过全社会的努力不断地增强公民素质就显得非常重要。

其次，要倡导和培养有序的信息传播文化。鼓励网络和新媒体受众，慎用手中的鼠标或者转发键，增强鉴别不实信息的能力，对于未经权威信息证实的不实信息，尽量做到不传播。特别是一些重大公共安全事件刚刚发生时，往往也是不实信息甚至是谣言最容易传播的时候，受众有责任寻找合适的权威渠道正是信息的真伪，在缺乏权威信息地情况下，尽量做到不以讹传讹，不当不实信息的“二传手”。

（2）对不实信息传播的引导，要建议长效机制，发挥“智者”以及专家等舆论领袖的作用。

对不实信息传播的引导，建议建立长效机制，发挥网络大V们民间舆论领袖的作用，逐步树立起由权威的网络平台的信息发布者，从而达到谣言止于智者的效果。在“日本大地震的核辐射”相关的不实信息传播案例中，一些专家或者舆论领袖的声音却在不实信息控制过程中影响甚微，普通民众并不倾向于相信这些所谓的权威信息，反而更倾向于相信街头巷尾的一些片面信息。这样的真实案例充分说明了所谓的专家在普通民众心目中的信誉和口碑确实不高，所以专家的辟谣力量不值一提。因此，必须建立长效机制，帮助权威信息发布者经过长效的努力在受众心中建立必要的信任，树立一定的权威，提高公信力，方能在关键时刻发挥“智者”以及专家等舆论领袖的作用。

（3）高度重视信息公开的重要性以及方式方法。

首先，管理者要要意识到权威信息及时公开的重要性。特别是对于那些事关民众安危的重大公共事件，必须及时进行信息公开，既要公布应急进展情况，又要采取积极而巧妙的措施，引导公众舆论，特别是要直接了当地就具体不实信息进行澄清，否则将严重误导群众，因为信息公开的目的之一就是坚决避免授人以柄，创造其制造不实信息的机会和素材，同时向受众及时提供足够清晰和真实的信息。在一些突发事件中，信息不公开或者未能及时公开，极易引起人们的恐慌心理，反而会导致不实信息的过度发酵和传播，产生更多、更复杂的问题。

其次，管理者要高度重视权威信息发布的时效性。只有及时发布和披露，权威信息的效能才能最大化，对不实信息的影响才能恰到好处。及时发布信息，既能够展示管理者的自身管理能力，也能安慰受众的心理，取得受众的广泛信任。很多网络公开事件的发酵，往往都是由于未能及时地发布权威信息而导致真实信息的缺位，从而给不实信息的传播提供了极大的空间。

同时，管理者要高度重视权威信息发布的方式和方法。完善权威信息发布的公开机制，从源头确定发布责任、明确公开内容、确定畅通渠道、规范信息公开。对政府信息公开的效果，加强社会反映评估和不实信息传播的引导工作，对于即将公开后的社会反馈进行预判，准备好相应的应对预案；信息发布后，还要及时跟踪、主动引导，并接受来自社会和网络的监督。

第五节　本章小结

控制不实信息的传播与扩散，并进行有效的引导，这是一个复杂的系统工程。一方面，从复杂的不实信息中区分出真实信息与虚假信息并不容易；另一方面，网络和新媒体的发展，使得拥有权威信息的管理者要始终保持较高的公信力，并需要极大的勇气去面对各种挑战。对不实信息处理的方法，有时候会直接影响信息传播的效果，如果处理不当，会适得其反，让民众加速相信不实信息。因此，在实际的管理实践中，对这种未经证实的不实信息，往往会采取尽量降低其传播的范围，减少不良影响的策略。

所以，在本书中对于不实信息的引导问题，关键的重点在探讨如何遏制不实信息的肆意传播，使不实信息的传播者改变其属性，停止对不实信息的传播。特别是考虑到民众所处环境以及个体本身存在的巨大差异，不同的人在面对不实信息的反应有很大的差异，有的人基于自身素养和判断对于某些不实信息拥有相当的免疫力，可以辨识不实信息的真假，不但自己不相信虚假信息，甚至会影响周围的个体拒绝不实信息，主动寻找和传播真实信息。因此，本书利用微分动力系统理论研究不实信息传播的内在规律，分析整个系统的最终稳定性状态，得到不实信息是否蔓延的阈值。通过对参数的控制，实现调整不实信息控制的策略，并希望本书的管理启示和相应的政策建议能够为管理者在不实信息的引导决策中提供积极的指导和有益的帮助。

第六章

总结与展望

最后一章是本书研究的结论与总结，总结了本书的贡献和创新性，同时梳理本书的不足和有待进一步研究的内容。

第一节 研究结论

本书主要研究内容总结如下：

（1）研究不实信息的传播机理，必须充分考虑不同信息传播环境下的各种影响因素及影响程度的差异，通过构建反映实际情况的模拟环境，得出贴近实际情况的结论和建议。本书所构建的无标度的网络环境下不实信息传播的平均场方程，利用平均场理论，充分考虑不实信息传播的特征，关注重要的影响因素，比如传播节点的重要性程度、接收者与传播者之间关系的密切程度、接收者的信息接收易感性等，通过模拟仿真验证，得出“传播节点的重要性对不实信息传播的阈值的影响程度最大”的结论。在此基础上，本书有针对性地提出对网络和新媒体环境中具备重要节点特征的个体加以重点关注，并提供建立正向的权威信息传播通道和队伍建设，从而对不实信息传播实施有效控制。

（2）本书以经典的传染病传染模型为理论基础，将传播和控制过程与之高度相似的不实信息传播作为研究对象，根据突发事件的发生机理进行优化，并综合运用控制论的相关知识，在现实操作中找出不实信息在不同人群间的接触转化率等影响传播的关键因素，对其实行有效控制。管理者能够通过积极介入，充分实现社会效用的最大化，并有效地控制和引导不实信息的传播。本书所建立的动态决策模型和相关参数的调整建议，对应急管理的决策者具有实际的指导意义。

（3）由于传播过程的不确定性以及信息的不对称性，不实信息在突发事件发生后可能会通过各种渠道广为传播，特别是借助网络和新媒体，会使得不实信息会在民间“舆论场”以更快的速度和更大的波及范围广为传播，并迅速地形成强大的冲击波和影响力。本书指出，突发事件发生后，信息传播的过程和影响是权威信息和不实信息交互影响的过程。相关的管理者既要通过持续化的制度建设和应急预案建设做到防患于未然，也要在信息的交互过程之中扮演更加积极主动的角色，通过主动介入，积极干涉，正确引导，加强对不实信息传播的管理，并有效疏导和控制已经产生的影响，从而消灭可能的衍生影响。

本书的创新点，主要体现在以下几点：

首先，在构建不实信息的传播模型时，本书提出了节点转化概率在不实信息传播过程中会受到不同因素的作用会发生变化，受到不同因素和变量的作用，会影响相应的转化概率阈值和不实信息的传播规模。

其次，本书运用最优控制的概念来构建不实信息的传播和控制模型，建议管理者通过控制影响传播的关键因素，比如不实信息在不同人群间的接触转化率，实现对不实信息传播的积极介入，从而实现社会效益最大化的目标。

再次，本书提出突发事件发生后信息的传播是不同类型信息动态交互的结果，通过建立节点转化的动态交互模型，分析整个系统的稳定性问题，提出管理者发布的任何及时有效的权威信息均能够在不实信息的相应传播阶段产生相应的影响。

最后，利用仿真模拟对本书所构建的管理模型均进行了检验，并对模型本身以及相应的参数的应用意义进行了解释，在每个管理模型分析的基础上，均提出了对应的管理启示，对管理者的实践具有指导意义。

第二节 管理启示

鉴于信息传播与疾病的传播机理有很多相似的地方，都是个体之间的接触传播，但是又存在很大的不同，在疾病传播过程中，个体对病毒是一种被动的接受；在信息传播过程中，个体对不实信息可以有自己的主观判断，个体可以选择相信或者拒绝不实信息，个体既是不实信息的接收者，也是不实信息的传播者。因此，本书希望通过探讨不实信息的传播机理，对不实信息进行梳理，对管控策略进行研究，特别是在应急事件发生的时候，信息相对匮乏，个体不相信谣言等小道消息，大多数消息都是不实信息，未经证实便在网络等新型媒介中传播与扩散，一方面，民众会获得一部分应急相关的信息；另一方面，个体对信息一知半解，特别对于未经证实的不实信息，更容易造成大规模的传播与扩散，造成民众的恐慌，因为其中可能包含一些真实的信息，如 2011 年在中国出现的碘盐抗核辐射的不实信息，貌似包括一些科学道理，但是往往会被民众误解，过分放大其中的真实性，最终会导致由于摄入碘盐过量而造成死亡的情况。

本书希望从一般的复杂网络中探讨不实信息的传播规律，将不实信息的传播影响因素尽量考虑周全，传播者的重要性程度、传播者与接受者之间的关系密切程度等，力求探讨不实信息传播的一般性规律；为了探讨不实信息传播过程中的动态管控，借助动力学方程模型研究不实信息的传播与扩散过程，将静态管控模式扩展到动态的管控手段；考虑官方信息对不实信息的影响，研究了二者之间的交互影响模型，希望在应急管理中，对不同的应急信息发展阶段进行动态管控，在事前做好不实信息的科普宣传，在事中积极发布官方媒体的声音，预防不实信息中的虚假信息占据舆论高地，发挥好舆论领袖的积极作用，在应急事件中对不实信息不必严防死堵，而要因势利导。

因此，本书针对信息社会中网络信息传播的实践，根据模型分析的结果和验证，针对不实信息传播的控制与引导，提出相应的管理建议。

第一，鼓励民间舆论领袖主动推送真实信息，将影响力转化为积极的正能量。

从本书所建立的模型以及进行的仿真分析来看，核心节点对于个体接受不实信息的概率有着极其重要的影响。

拥有数量巨大的粉丝数（度）的网络大 V 在网络信息的传播中扮演着重要的角色，他们的推波助澜将给不实信息的传播范围和影响力带来几何级数的影响。在网络大 V 的影响下，大量的粉丝群会不假思索地持续转发不实信息，并通过新兴的社交媒体广为传播，可能在极短的时间内带来海啸般的传播效果。因此，这些网络大 V 就可能是不实信息传播和扩散的关键节点。

因此，应急管理者必须充分认识到网络大 V 对于信息传播的重要影响，采取积极的手法对其进行控制和引导。在对新媒体和自媒体的监管过程中，要完善立法和监管机制，强化教育引导，广泛宣传网络信息净化的必要性和重要性；通过正向的积极引导，发挥网络大 V 的网络影响力，在传递正面信息和权威信息上，发挥他们独特的舆论作用，真正做到净化网络氛围，传播正向和权威的信息。

第二，积极培育网络新闻发言人与评论员的队伍，善用新媒体建立新型沟通平台。

管理者可以借助新媒体的传播渠道，建立权威信息的发布中心，比如新媒体和自媒体，建立长效的权威信息发布机制，在新媒体快速发展的阶段，能够在受众的心目中建立起必要的信任和权威，系统地推进发布权威信息的新闻发言人和网络评论员的队伍建设。在突发事件发生后，通过信息发布中心，以各种灵活有效的形式，准确判断、果断出击、主动引导，在网络新媒体环境中迅速建立起权威信息的发布机制，有效地避免不实信息的出现和扩散。

第三，针对不实信息传播的动态过程，应进行实时监控。

进行实时监控和有效介入，是传染病控制的重要结论。控制不实信息传播的过程，可以有效地借鉴传染病模型的优化模型，主动调整和影响不实信息的传播接触率，有效地遏制并减少不实信息的广泛扩散，实现系统的社会效益最大化。

不实信息传播的不同阶段，在形成、传播、扩散、消退等过程中，传播方式和影响的差别巨大。甚至是在不实信息传播的后期，如果不加妥善应对，可能会导致不实信息的潜在影响长期存在，甚至在未来的某个时间节点上重新回到舆论的中心。实施监控的主要目的，就是要把握信息传播不同阶段的不同特点和规律，做到有的放矢，对症下药。

第四，加强科普教育，减少不实信息真实的拥护者。

通过科普教育的手段，使个体在接收到不实信息时具备自己的判断能力，减少个体对不实信息盲目跟风传播的概率，切实规避不实信息的二次传播与扩散。

加强科普教育的目的，是实现“谣言止于智者”，帮助个体在接触到不实信息的时候具备自我的判断能力和“免疫力”，切断不实信息的继续传播。

有效的科普教育，能够扩大真实信息的传播和认知范围，减少不实信息的存在空间与不实信息得到信任和继续传播的机会，增加普通个体获知正确信息的通道，减低正确信息的获取成本。权威信息的发布越早越及时，就越能在比较早期的阶段将不实信息扼杀在摇篮里，民众能够越广泛和越方便快捷地知道获取权威信息的渠道，由此将能极大地减少民众相信和传播不实信息的概率。突发事件发生后，越是延迟或者迟迟不发布权威信息，则权威信息的发布成本越高昂，突发事件也越有可能转化为公共事件。

科普教育的开展，需要有稳定和长效的机制，通过持续不断的科普教育，提高全民个体的科学素养，通过倡导和培育有序的信息传播文化，使得个体在传播信息的时候更加慎重。这是一个系统化的长期工程，但是也是意义重大的科普工程，有助于帮助普通民众提高对不实信息的免疫力，在突发事件发生后，能够增强心理应变能力，懂得获知真实和权威信息的渠道，并有效地避免不实信息的无序传播。第五，高度重视信息公开的重要性以及方式方法。

突发事件发生后，信息的及时权威发布非常重要。针对民众关心的重要信息，管理者要主动公布，积极地引导公共舆论，既能够满足公众的知情权，又能够减少不实信息产生的土壤。很多公共事件的发生都和信息发布的不及时或者缺失有关。当然，管理者也要完善权威信息发布的方式方法，明确信息发布的责任，确保信息传递的效果，并积极应对社会的反馈，主动接受社会的监督，在信息发布的过程中做到有始有终。

第三节 本书研究局限性

本书主要从模型的角度，对信息时代里不实信息的传播规律和动态管控疏导等问题进行探讨，得出的结论能够为应急管理中不实信息的传播疏导提供一定的理论指导。但是，由于模型研究对假设的苛刻与理想化，而且在实际的研究中还有很多没有考虑到的地方，本书仍然存在一些局限性：

（1）模型思路，缺少真实数据。

本书采用的是模型建设，构建模型并利用算例的方式对模型进行验证，但是由于缺乏真实的不实信息传播数据，使得模型过于理想化，缺少与真实数据的拟合，因而与实际尚有距离。

（2）本书中主要考虑不实信息的危害性。

文中所探讨的不实信息主要是指未经证实的信息，主要考虑的是信息的不明朗可能造成的危害，不实信息中包含着真实信息，但本书的研究没有对真实信息的挖掘和真实信息的积极作用进行研究。

（3）本书假设不实信息是单一信息，没有考虑不同信息之间的演变和博弈。

在应急事件发生的过程中有很多种不实信息，信息传播的过程也会不断地演化，信息之间也会存在博弈。本书假设所有的模型都是单一信息，并且其属性也是恒定不变的，与实际的复杂环境匹配程度不高。

第四节　本书研究展望

基于本书中存在的一些实际的问题以及未来研究的延续性，在以后的研究中，可以进一步深化研究的内容，研究的脚步可以走得更远，未来的研究可以从以下几个方面努力：

（1）基于实际大数据的不实信息传播研究。

在网络不实信息传播模型中，尚未基于大数据分析、网络数据挖掘等方面进行理论解析和实例验证的研究，可以系统对比和分析不实信息在不同结构的耦合网络中传播性能的差异。

（2）在“互联网+”背景下研究不实信息的传播。

已有研究多是在经典的信息传播模式基础上进行扩展和完善，对现实存在的众多复杂网络和信息传播模式所带来的影响没有进行充分的考虑。实践证明，在“互联网+”背景下，在复杂的网络环境中，突发危机事件形成和演化显得愈加难以分辨和澄清。以管理者或舆论领袖为核心的编码式突发事件不实信息传播方式，其结果难以概括信息多样化和交流即时性所带来的不实信息交流方式的巨大变化，因此，有必要继续对复杂网络环境下突发事件不实信息传播的新特征和新模式进行研究。

（3）以信息交互为背景的不实信息传播问题。

在目前的研究中，不实信息的复杂网络传播问题主要从生物学的病毒传播模型衍生而来，秉承了病毒传播问题的单主体特征，对于危机本身以及周围的传播环境重视不足。而事实上，不实信息的传播过程是虚假信息与真实信息之间的传播竞争关系，要抢占舆论的主战场，二者之间有博弈与竞争的过程。在信息传播过程中，要考虑这种信息的交互与竞争过程，单单研究单一信息的传播有一定的局限性，需要综合考虑不实信息传播的新特点，以便更好地分析其传播机制，正确引导舆论导向。

不实信息的传播过程实际上是真实信息和虚假信息的综合传播过程，需要剖析不实信息传播与谣言传播之间的联系与区别，才能更好地梳理不实信息传播的规律，在突发事件发生后，对不实信息进行正确的梳理和引导，减少新的衍生事件发生。在未来，结合大数据和“互联网+”的实际背景也将是不实信息传播研究的未来方向，与时俱进地探讨不实信息的传播机理与管控机制。

最后，希望本书的研究结论能对不实信息的管理事件提供有益的帮助。

参考文献

[1] Bernouli D. Essai d'une nouvelle analyse de la mortalite causee par la petite verole et des avantages de l'inoculation pour al prevenir, in Memoires de Mathematiques et de physique [D]. Paris: Academie Royale des Sciences, 1760: 1-45.

[2] Ross R. The Prevention of Malaria [M]. London: Murray, 1911.

[3] Kermack M, Mckendrick A. Contributions to the mathematical theory of epidemics: Part I [J]. Proceedings of the Royal Society of London, 1927 (115): 700-721.

[4] Kermack M, Mckendrick A. Contributions to the mathematical theory of epidemics: Part II [J]. Proceedings of the Royal Society of London, 1932 (138): 55-83.

[5] Bailey N T J. The Mathematical Theory of Infectious Diseases and Its Applications [M]. New York: Hafner Press, 1975.

[6] Eguiluz V M, Klemm K. Epidemic Threshold in Structured Scale-Free Networks [J]. Physical Review Letters, 2002 (89): 108-701.

[7] Li G H, Jin Z. Global stability of an SEI epidemic model with general contact rate [J]. Solitons & Fractals, 2005, 23 (3). 997-1004.

[8] Michael Y L, John R G, Wang L C, et al. Global dynamics

of a SEIR model with varying total population size [J]. Mathematical Biosciences, 1999 (160): 191 -213.

[9] Bame N, Bowong S, Mbang J, et al. Global stability analysis for SEIS models with n latent classes [J]. Mathematical Sciences Engineering, 2008, 5 (1): 20 -33.

[10] Michael Y L, John R G, Wang L C, et al. Global dynamics of a SEIR model with varying total population size [J]. Mathematical Biosciences Engineering, 1999 (160): 191 -213.

[11] Li Z X, Gupur G, Zhu G T. Existence and Uniqueness of Endemic States for the Age - structured MSEIR Epidemic Model [J]. ORIGINAL PAPERS, 2009, 18 (3): 441 -454.

[12] Feng Z, Thieme H R. Endemic models with arbitrarily distributed periods of infection [J]. General theory, 2000 (61): 803.

[13] Li J Q, Ma Z E. Qualitative analysis of SIS epidemic model with vaccination and varying total population size [J]. Mathematical and Computer Modelling of Dynamical Systems, 2002 (35): 1235 -1243.

[14] Lizana M, Rivero J. Multiparametric bifurcations for a model in epidemiology [J]. Journal of Mathematical Biology, 1996 (35): 21 -36.

[15] Wu L, Feng Z. Homoclinic bifurcation in an SIQR model for childhood disease [J]. Journal of Differential Equations, 2000 (168): 150 -167.

[16] Vanden D P, Watmongh J. A simple SIS epidemic model with a backward bifurcation [J], Journal of Mathematical Biology,

2000（40）：525 – 540.

[17] Ruan S G，Wang W D. Dynamic behavior of an epidemic model with a nonlinear incidence rate [J]. Journal of Differential Equations，2003（8）：135 – 163.

[18] 马知恩，周义仓，王稳地，等．传染病动力学的数学建模与研究 [M]. 北京：科学出版社，2004.

[19] Anderson R M，May R M. Infectious Diseases of Humans [M]. Oxford：Oxford University Press，1991.

[20] Grenfell B，Harwood J.（Meta）population dynamics of infectious diseases [J]. Trends in Ecology and Evolution [J]. 1997（12）：395 – 399.

[21] Hyman J M，Li J. An intuitive formulation for the reproductive number for the spread of diseases in heterogeneous populations [J]. Mathematical Biosciences，2000（167）：65 – 86.

[22] Li J，Blythe S P，Castillo – Chavez C. Coexistence of pathogens in sexually – transmitted disease models [J]. Journal of Mathematical Biology，2003（47）：547 – 568.

[23] Brauer F，Van den Driessche P. Migration of infectives [J]. Mathematical Models for Biosciences Transmission of Disease，2001（171）：143 – 154.

[24] 王稳地．斑块环境中的传染病模型 [D]. 重庆：西南大学，2002.

[25] 余雷，薛惠锋，高晓燕，等．基于元胞自动机的传染病传播模型研究 [J]. 计算机工程与应用，2007（43）：196 – 199.

[26] Frasca M, Buscarino A, Rizzo A, et al. Dynamical network model of infective mobile agents [J]. Physical Review E, 2006 (74): 036-110.

[27] 周涛，傅忠谦，牛永伟，等. 复杂网络上传播动力学研究综述 [J]. 自然科学进展，2005 (15): 513-518.

[28] 夏承遗，刘忠信，陈增强，等. 复杂网络上的传播动力学及其新进展 [J]. 智能系统学报，2009 (4): 392-397.

[29] Watts D J, Strogatz S H. Collective dynamics of small-world networks [J]. Nature, 1998 (393): 440-442.

[30] Newman M, Watts D J. Renormalization group analysis of the small-world network model [J]. Physics Letters A, 1999 (263): 341-346.

[31] Pastor-Satorras R, Vespignani A. Epidemic spreading in scale-free networks [J]. Physical Review Letter, 2001 (86): 3200-3203.

[32] Kuperman M, Abramson G. Small world effect in an epidemiological model [J]. Physical Review Letter, 2001 (86): 2909-2912.

[33] Agiza H N, Elgazzar A S, Youssef S A. Phase transitions in some epidemic models defined on small-world networks [J]. International Journal of Modern Physics, 2003 (14): 825.

[34] Pastor-Satorras R, Vespignani A. Epidemic spreading in scale-free networks [J]. Physical Review Letter, 2001 (86): 3200-3203.

[35] Pastor-Satorras R, Vespignani A. Epidemic dynamics in finite size scale-free networks [J]. Physical Review E, 2002 (65): 035-108.

[36] Pastor - Satorras R, Vespignani A. Epidemic dynamics and endemic states in complex networks [J]. Physical Review E, 2001 (63): 066 - 117.

[37] Moreno Y, Gomez J B, Pacheco A F. Epidemic incidence in correlated Complex networks [J]. Physical Review E, 2003 (68): 035 - 103.

[38] Castellano C, Pastor - Satorras R. Thresholds for epidemic spreading in networks [J]. Physical Review Letter, 2010 (105): 218 - 701.

[39] Barthelemy M, Barrat A. Pastor - Satorras hierarchical spread of epidemic outbreaks in scale - free networks [J]. Physical Review Letter, 2004 (92): 178 - 701.

[40] Xia C, Liu Z, Chen Z, et al. Dynamic spreading behavior of homogeneous and heterogeneous networks [J]. Progress in Natural Science, 2007 (17): 358 - 365.

[41] Xia C, Liu Z, Chen Z, et al. Epidemic spreading behavior on local world evolving networks [J]. Progress in Natural Science, 2008 (18): 653 - 658.

[42] May R M, Lioyd A L. Infection dynamics on scale - free networks [J]. Physical Review E, 2001 (64): 066 - 112.

[43] Eguiluz V M, Klemm K. Epidemic threshold in structured scale - free network [J]. Physical Review Letter, 2002 (89): 108 - 701.

[44] Liu Z, Hu B. Epidemic spreading in community networks

[J]. Europhysics Letters, 2005, 2 (72): 315 -321.

[45] Huang W, Li C. Epidemic spreading in scale - free networks with community Structure [J]. Journal of Statistical Mechanics, 2007: 10 - 14.

[46] Zhou Y, Zhou J. Periodic wave of epidemic spreading in community networks [J]. Chinese Physics Letters, 2007 (24): 581 -584.

[47] Xu X J, Zhang X, Mender J F. Impacts of preference and geography on epidemic spreading [J]. Physical Review E, 2007 (76): 056 - 109.

[48] Colizza V, Vespignani A. Invasion threshold in heterogeneous metapopulation networks [J]. Physical Review Letter, 2007 (99): 148 -701.

[49] Colizza V, Pastor - Satorras R, Vespignani A. Reaction - diffusion processes and metapopulation models in heterogeneous networks [J]. Nature Physics, 2007 (3): 276 -282.

[50] Colizza V, Barrat A, Barthelemy M, Vespignani A. Epidemic predictability in meta - population models with heterogeneous couplings: the impact of disease parameter values [J]. International Journal of Bifurcation and Chaos, 2007: 2491 -2500.

[51] Gross T, Kevrekidis I G. Robust oscillations in SIS epidemics networks: coarse braining by automated moment closure [J]. Europhysics Adaptive Letters, 2008 (82): 38 -40.

[52] Zanette D H, Risau G S. Infection spreading in a population with evolving contacts [J]. Journal of Biological Physics, 2008 (34):

135 – 148.

[53] Shaw L B, Schwartz I B. Enhanced vaccine control of epidemics in adaptive networks [J]. Physical Review E, 2010 (81): 046 – 120.

[54] Segbroeck S V, Santos F C, and Pacheco J. M. , Adaptive contact networks changeeffective disease infectiousness and dynamics [J]. PLoS Computational Biology, 2010, 8, 1000895.

[55] Zhou J, Xiao G, Cheong S A, et al. Epidemic reemergence in adaptive complex networks [J]. Physical Review E, 2012 (85): 036 – 107.

[56] Shaw L B, Schwartz I B. Fluctuating epidemics on adaptive networks [J]. Physical Review E, 2008 (77): 066 101.

[57] Read J M, Eames K T, Edmunds W J. Dynamic social networks and the implicatins for the spread of infectious disease [J]. Journal of the Royal Society Interface, 2008 (26): 1001 – 1007.

[58] Barrat A, Barthelemy M, Vespignani A. Weighted evolving networks: coupling topology and weight dynamics [J]. Physical Review Letter, 2004, 92 (22): 701 – 704.

[59] Boccaletti S, Latorab V, Morenod Y, et al. Complex networks: structure and dynamics [J]. Physics Reports, 2006 (424): 175 – 308.

[60] Newman M E. Analysis of weighted networks [J]. Physical Review E, 2004 (70): 056 – 131.

[61] Yan G, Zhou T, Wang J, et al. Epidemic spread in weigh-

ted scale – free networks [J]. Chinese Physics Letters, 2012 (22): 510 – 513.

[62] Eames K, Read J M, Edmunds W J. Epidemic prediction and control in weighted networks [J]. Epidemics, 2009 (1): 70 – 76.

[63] Yang Z, Zhou T. Epidemic spreading in weighted networks: an edge – based mean – field solution [J]. Physical Review E, 2012 (85): 056 – 106.

[64] Allard A, Noel P A, Dube L J. Heterogeneous bond percolation on multitype networks with an application to epidemic [J]. Physical Review E, 2009 (79): 036 – 113.

[65] Funk S, Jansen V A. Interacting epidemics on overlay networks [J]. Physical Review E, 2010 (81): 036 – 118.

[66] Dickison M, Havlin S, Stanley H E. Epidemic on interconnected networks [J]. Physical Review E, 2012 (85): 066 – 109.

[67] Son S W, Bizhani G, Christensen C, Grassberger P, et al. Percolation theory on interdependent networks based on epidemic spreading [J]. Europhysics Letters, 2012 (97): 16 – 60.

[68] Saumell – Mendiola A, Serrano M A, Boguna M. Epidemic spreading on interconnected networks [J]. Physical Review E, 2012 (86): 026 – 106.

[69] 方星，黄培清. 突发事件发生后不实信息的传播问题研究综述 [J]. 上海管理科学，2016，38 (6): 114 – 118.

[70] 夏征农，陈至立. 辞海 [M]. 上海：上海辞书出版社，1999.

[71] Allport G W, Postman L. The Psychology of Rumor [M]. New York: Henry Holt, 1947.

[72] 霍良安. 突发事件发生后不实信息的传播问题研究 [D]. 上海: 上海交通大学, 2012.

[73] 霍良安, 黄培清. 突发事件中的谣言扩散问题研究——以日本大地震为例 [J]. 情报杂志, 2011, 30 (10): 77 - 81.

[74] Klaus Dietz. Epidemics and Rumours: A Survey. Journal of the Royal Statistical Society [J]. Series, 1967, 130 (4): 505 - 528.

[75] 罗斯诺, 费恩. 流言 [M]. 唐晖, 等, 译, 北京: 国际文化出版公司, 1990.

[76] Kapferer J N. Rumors - Uses, Interpretations, and Images [M]. New Brunswick: Transaction Publishers, 1990.

[77] 巢乃鹏, 黄娴. 网络传播中的"谣言"现象研究 [J]. 情报理论与实践, 2004, 27 (6): 586 - 589.

[78] Moreno Y, Nekovee M, et al. Dynamics of rumor spreading in complex networks [J]. Physical Review E, 2004, 69 (6): 066 - 130.

[79] Rapoport A. Spread of information through a population with social structural bias [J]. Bulletin of Mathematical Biology, 1953, 15 (4): 523 - 533.

[80] Daley D J, Kendal D G. Stochastic rumours [J]. Journal of Institution Mathematics Applications, 1965: 42 - 55.

[81] Daley D J, Gani J. Epidemic Modelling: an introduction [M]. New York: Cambridge University Press, 2001.

[82] Watts D J, Strogatz S H. Collective dynamics of small - world's networks [J]. Nature, 1998, 393 (6684): 440 - 442.

[83] Barabási A L, Albert R. Emergence of scaling in random networks [J]. Science, 1999, 286 (5439): 509 - 512.

[84] Zanette D H. Dynamics of rumor propagation on small - world networks [J]. Physical Review E, 2002, 65 (4): 041 - 908.

[85] Newman M E J, Watts D J. Renormalization group analysis of the small - world network model [J]. Physics Letters A, 1999, 263 (4): 341 - 346.

[86] Bianconi G, Barabási A L. Bose - Einstein condensation in complex networks [J]. Physical Review Letters, 2001, 86 (24): 5632.

[87] 汪小帆，李翔，陈关荣. 复杂网络理论及其应用 [M]. 北京：清华大学出版社，2006.

[88] Zhou J, Liu Z, Li B. Influence of network structure on rumor propagation [J]. Physics Letters A, 2007, 368 (6): 458 - 463.

[89] Wang X F, Chen G. Synchronization in scale - free dynamical networks: robustness and fragility [J]. Circuits and Systems I: Fundamental Theory and Applications, IEEE Transactions on, 2002, 49 (1): 54 - 62.

[90] Barahona M, Pecora L M. Synchronization in small - world systems [J]. Physical Review Letters, 2002, 89 (5): 054 - 101.

[91] Wang X F, Chen G. Pinning control of scale - free dynamical networks [J]. Physica A: Statistical Mechanics and its Applications, 2002, 310 (3): 521 - 531.

[92] Zhou J, Lu J, Lü J. Pinning adaptive synchronization of a general complex dynamical network [J]. Automatica, 2008, 44 (4): 996 - 1003.

[93] Lu W, Li X, Rong Z. Global stabilization of complex networks with digraph topologies via a local pinning algorithm [J]. Automatica, 2010, 46 (1): 116 - 121.

[94] Yuan Z, Zhao C, Di Z, et al. Exact controllability of complex networks [J]. Nature Communications, 2013 (4).

[95] Lehnert J. Synchronization in Complete Network [M] //Controlling Synchronization Patterns in Complex Networks [M]. New York: Springer International Publishing, 2016: 33 - 41.

[96] Zhang Z, Zhang Z. An interplay model for rumour spreading and emergency development [J]. Physica A: Statistical Mechanics and its Applications, 2009, 388 (19): 4159 - 4166.

[97] Huo L, Huang P, Fang X. An interplay model for authorities'actions and rumor spreading in emergency event [J]. Physica A: Statistical Mechanics and its Applications, 2011, 390 (20): 3267 - 3274.

[98] Zhao L, Wang Q, Cheng J, et al. The impact of authorities' media and rumor dissemination on the evolution of emergency [J]. Physica A: Statistical Mechanics and its Applications, 2012, 391 (15): 3978 - 3987.

[99] Kwak H, Lee C, Park H, et al. What is Twitter, a social network or a news media? [C] //Proceedings of the 19th international conference on World - wide web [R]. ACM, 2010: 591 - 600.

[100] Serrano E, Iglesias C A, Garijo M. A Survey of Twitter Rumor Spreading Simulations [C] //Computational Collective Intelligence [M]. New York: Springer International Publishing, 2015: 113 – 122.

[101] Zhao L, Cui H, Qiu X, et al. SIR rumor spreading model in the new media age [J]. Physica A: Statistical Mechanics and its Applications, 2013, 392 (4): 995 – 1003.

[102] 孙宁，陈雅，杨艺．全媒体环境下我国网络舆情研究热点，前沿主题及其知识基础 [J]．情报科学，2014 (10): 029.

[103] 马知恩，周义仓，王稳地，等．传染病动力学的数学建模与研究 [M]．北京：科学出版社，2001.

[104] Chebotarev N G, Meiman N N. The Routh – Hurwitz problem for polynomials and entire functions [J]. 1949 (26): 3 – 331.

[105] Smith M C. On the generalized Nyquist stability criterion [J]. International Journal of Control, 1981, 34 (5): 885 – 920.

[106] Hahn J, Edison T. A Note on Stability Analysis Using Bode Plots [M]. Singapore: Elsevier, 2001: 208 – 211.

[107] Li M Y, Muldowney J S. A geometric approach to the global – stability problems [J]. SIAM Journal of Mathematical Analysis, 1996 (27): 1070 – 1083.

[108] 胡汝鼎．第一届国际自动化学术会议本书选集 [M]．上海：上海科学技术出版社，1963.

[109] 雍炯敏，楼红卫．最优控制理论简明教程 [M]．北京：高等教育出版社，2006.

[110] Philip D L. The Pontryagin Maximum principle [J]. M403

Lecture Notes, 2010 (3).

[111] Barbu J V. The time optimal control problem for parabolic variational inequalities [J]. Applied Mathematics and Optimization, 1984 (11): 1 - 22.

[112] Granovetter M S. The strength of weak ties [J]. American Journal of Sociology, 1973, 78 (6): 1360 - 1380.

[113] Gilbert E, Karahalios K. Predicting tie strength with social media, Proceedings of the SIGCHI conference on human factors in computing systems [M]. ACM, 2009: 211 - 220.

[114] Onnela J P, Saramki J, et al. Structure and tie strengths in mobile communication networks [J]. Proceedings of the National Academy of Sciences, 2007, 104 (18): 7332 - 7336.

[115] Borge - Holthoefer J, Moreno Y. Absence of inuential spreaders in rumor dynamics [J]. Physical Review E, 2012, 85 (2): 026 - 116.

[116] Zhang H, Fu X. Spreading of epidemics on scale - free networks with nonlinear infectivity [J]. Nonlinear Analysis: Theory, Methods Applications, 2009, 70 (9): 3273 - 3278.

[117] Sun M, Zhang H, Kang H, et al. Epidemic spreading on adaptively weighted scale - free networks [J]. Journal of Mathematical Biology, 2016: 1 - 36.

[118] Zhu G, Chen G, Xu X J, et al. Epidemic spreading on contact networks with adaptive weights [J]. Journal of Theoretical Biology, 2013 (317): 133 - 139.

[119] Zhu G, Chen G, Fu X. Effects of active links on epidemic

transmission over social networks [J]. Physica A: Statistical Mechanics and its Applications, 2017 (468): 614 – 621.

[120] Singh A, Singh Y N. Nonlinear spread of rumor and inoculation strategies in the nodes with degree dependent tie strength in complex networks [J]. Acta Physica Polonica B, 2013, 44 (1): 5 – 28.

[121] Pastor – Satorras R, Vespignani A. Immunization of complex networks [J]. Physical Review E, 2002, 65 (3): 036 – 104.

[122] 李婧. 昆明火车站严重暴恐案二审当庭宣判 [EB/OL]. [2014 – 10 – 31]. http://legal.people.com.cn/n/2014/1031/c42510 – 25947270.html.

[123] 靳博. 天津港一危险品仓库爆炸 [EB/OL]. [2015 – 08 – 13]. http://www.chinanews.com/sh/2015/08 – 13/7463993.shtml.

[124] 方星，黄培清，霍良安. 大型活动中人群的应急行为研究综述 [J]. 中国安全科学学报，2011，21 (11): 22 – 28.

[125] Tu S J, Ling Y Z. Integration and improvement research on emergency information management and response capabilities for local government [J]. Applied Mechanics and Materials, 2014 (687): 5093 – 5096.

[126] Xu J, Yu Y, Gao C, et al. Nonlinear analysis and optimal control of an improved SIR rumor spreading model [J]. Journal of Communications, 2015, 10 (8): 638 – 646.

[127] Xia L, Jiang G, Song B. Rumor spreading model considering hesitating mechanism in complex social networks [J]. Physica A: Statistical Mechanics and its Applications, 2015, 437 (1): 295 – 300.

[128] Huo LA, Lin T, et al. Optimal control of a rumor propagation model with latent period in emergency event [J]. Advances in Difference Equations, 2015 (1): 1-19.

[129] Danzig E R, Thayer P W, Galanter L R. The Effects of a Threatening Rumor on a Disaster - Stricken Community [J]. National Academy of Science, 1958.

[130] Yang G Q. Uncertainty, break and government crisis management [J]. Economic Management, 2003 (13): 14-20.

[131] Lv H, Wang C. Proliferation mechanism of the significant emergent events [J]. Journal of WUT Information Management Engineering, 2006, 28 (9): 7-10.

[132] Danielsen M J, Thomas B. Rumours interplay in disaster management [J]. International Journal of Risk Assessment and Management, 2008 (17): 334-350.

[133] Thompson K. A Deterministic Approach to the Spread of Rumors [J]. Technical Report, BU-1642-M.

[134] Kawachi K. Deterministic models for rumor transmission [J]. Nonlinear Analysis: Real World Applications, 2008 (9): 1989-2028.

[135] Kawachi K, Seki M, et al. A rumor transmission model with various contact interactions [J]. Journal of Theoretical Biology, 2008 (253): 55-60.

[136] 薛耀文，黄欢，张国凤，等．基于重大突发事件的即兴决策 [J]. 系统管理学报，2013，22 (5)：708-714.

[137] 李怀明，刘娇，叶鑫．基于情景的非常规突发事件决

策流程生成方法［J］. 系统管理学报，2015，24（6）：795－805.

［138］霍良安，突发事件发生后不实信息的传播问题研究［M］. 北京：企业管理出版社，2015.

［139］赵俊，霍良安．两个舆论场中的网络群体性事件交互演化模型［J］. 软科学，2015（5）：135－139.

索　引

致　谢

我于2008年9月进入交大在职读博，算上上一年的考博准备，从三十而立步入四十不惑的年纪，差不多是将近10年的时间。在此期间，我经历了结婚、生女、生子以及父亲离世等人生大事，虽然工作单位没有变动，但是工作岗位和职责已经发生了巨大变化，早已告别了迷茫彷徨，进入了职业发展的成熟期。总结这十年，除了对于“坚持到底”的信念所拥有的刻骨铭心的体会外，就是太多太多的感谢和感恩。

首先，我要衷心地感谢我的导师黄培清教授。黄教授对待学术的严谨态度让我印象深刻、受益匪浅，他对待学生的循循善诱和耐心细致，又让我如沐春风、感念在心。特别是进入博士论文撰写阶段，工作外派出差以及照顾家庭的双重压力，常常使我难以集中时间和精力投入学业，看着身边的其他同学都学成毕业，而我却是黄老师最后一个多年未能毕业的学生，每当论文没有进展时，我常常萌生放弃的念头。此时，黄教授已经离开了讲台，但他一直的关心和叮嘱给了我坚持下来的巨大信心和动力。特别是最近几年，可以说，没有黄教授的支持，没有黄教授“一个也不能少”的信念，我的学业很难坚持到瓜熟蒂落的时候。黄教授的教诲，既是一种无形鞭策，也是一种言传身教，必将引领着我继续在学习和工作中善始善终，迎难而上。我在2011年参加黄教授教书育人座谈会时所写的“节比黄花，两袖清风，培育桃李满桑梓；恩似青天，一寸丹心，广施英才尽楷模”，正是我发自内心感谢黄教授为学生全心奉献的真实体会。我衷心地祝福黄教授今后能够享受天伦，健康幸福。

其次，我要特别感谢我的同窗好友霍良安。虽然比我年轻好几岁，但是，他那坚毅不拔、刻苦勤奋的优良作风却一直深深地感染和影响着我；我们在并肩学习的过程中因信任和支持而结成的友谊弥足珍贵。更重要的是，在学术研究的道路上，霍良安给了我巨大的精神支持，并在研究方法上给我提供了实实在在、毫不吝啬的分享，在本书的选题和建构上给了我许多启发性的指导和帮助。我衷心地祝愿他继续在学术科研的道路上披荆斩棘、奋发有为。

同时，我也要感谢在博士学业期间给予我关心和支持的众多老师和同门，感谢从入学面试、科研项目、应急工作坊直至博士论文开题时一直给我和其他青年学生提供指导和对外学习交流平台的季建华教授，以及在我博士学习的前两年提供悉心指导的师姐李娟博士后，还有中美物流研究院对学生永远不厌烦的张天老师。在他们的身上，闪耀着平凡而伟大的交大特质，是我学习的榜样和前行的动力。同门师妹黄新华等人在我进行实证和调研时提供了大量的基础工作支持，为博士论文提供了有益的支撑，在此一并表示深深的谢意。

当然，我要特别感谢我在飞利浦工作十多年来一直给予我支持和帮助的几位上级和职业导师。特别是他们为了支持我在职学习而提供了诸多人性化的安排和灵活工作时间的便利，使我在实现个人职业发展的同时，也能够顺利地完成学业。

最后，我要深深地感恩我的家庭给我的巨大支持。在博士学习期间，我和太太结婚，之后两个孩子相继出生。家中老人为了让我们安心地工作，帮助孩子幸福地成长，付出了巨大的牺牲；我太太对我经年累月地加班、出差表现出无比的包容，并妥善地处理了家庭的大情小事，使我几乎没有后顾之忧；一双可爱的儿女，也给我们紧张而忙碌的生活，增添了无限的欢乐和动力。忙于工作学业，鲜有时间探望远在家乡的双亲，而一年前父亲的猝然离世，也成了我心中永远的痛。父亲和母亲一起在温饱刚及的年代和贫穷落后的农村抚育儿女，胼手胝足，辛苦劳作，把我们兄姊三人都培养出来，他们的坚毅和远见，是我一生的精神财富。

我愿以一首新年祝词来表达我的感慨和对未来的期许。

时令不觉，阳春至，又是人间佳节。

冷暖相伴羲行路，寒暑日日抱颉。

左顾明眸，右盼笑嫣，成长正悦阅。

小家当此，米面皆为饕餮。

镜里陡生白发，操心日夜，身疲怎难却。

教女育子风雨切，倏忽已开新页。

多少期许，几番纠结，平常何成歇。

往事品罢，鲜茶今年清冽。

2017 年 2 月于上海